沈文倬著

禮漢簡異文釋

吳諫齋署

甘肅武威漢墓出土禮漢簡九卷，其異于今本之文，大率非用今用古之殊，即二本各有謬誤耳。予既研討有年，以鄭君禮注所疊今古文[redacted]比勘考覈之，然後知此漢簡為禮今文、禮古文以外之古文或本也。[redacted]尋索諸禮之實行，考定禮書之撰作，進而推比西漢禮今古文之[redacted]發生與流傳，核校鄭君禮注所據底本及所參校各本之異同，以論定簡本為古文或本者，別[redacted]造專論[redacted]評述；疏通相異之文，隨字分釋，判其為今為古，以證前說之有據，悉具于斯編。

禮今文者，漢初高堂生所[redacted]得士禮八篇，並據以推致默記大夫以上禮九篇，當時稱之為[redacted]十七篇者是也。厥後四傳弟子所守（高堂生傳蕭奮，奮傳孟卿，卿傳后蒼、閭丘卿，蒼傳聞人通漢、戴德、戴聖、慶普），至大小戴一傳（德傳徐良，聖傳橋仁、楊榮），慶[redacted]氏再傳（普傳夏侯敬、慶咸、王臨，臨傳董鈞），後遂無繼之者。然則后、戴所持今文本，東漢馬融、鄭玄諸師殆未之見也。

禮古文者，惠帝除挾書律，禁書紛紛復見，景、武間魯淹、孔壁所出，河間所得，皆晚周六國文字之本，甫出民間，旋登秘府，非領校中秘，自不易得見，衛恒所謂『漢世秘藏，希得見之』是也。而盧植乃謂『古文科斗，近於為實』（後漢書本傳），鄭玄乃謂『書初出屋壁，皆周世象形文字，今所謂科斗書』（書序孔疏引書贊），科斗為彼

時泛指前代文字之稱，言之既未能甚審，當屬懸度之談，可見東漢諸師除馬融校書東觀容或見之外，盧、鄭猶未目驗（盧、鄭古學，傳自馬融。盧為議郎時，曾與蔡邕等在東觀校中秘書，然為時甚暫，且留意「補續漢紀」，未必專事古經），他無論矣。斯二者，往昔經師雖能道之而未甚詳[redacted]明焉。至于古文或本者，前人或據鄭君禮注有今文某或為某、古文某或為某，但知今文古文皆有或本，以為不過迻寫其文稍有異同而已。今得簡本而知其不然。古文初出，以秦廢其字且百年，非才識特達之士不能盡識。史記儒林列傳云：「孔氏有古文尚書，而[redacted]安國以今文讀之，因以起其家[redacted]逸書得十餘篇。」隋志謂「孔安國以今文校之，以隸古字寫之。」必以今文比對，始能識其字而通其讀。隸古字者，古文隸定也。其書終獻中秘，必經隸寫，始得為學者所持有而流傳。漢書藝文志云：「禮古經者，出于魯淹及孔氏，與十七篇（原作「學七十篇」，從劉敞校改）文相似，多三十九篇。」云文相似必比對而後知之，禮古文亦有或人如孔安國者以今文讀之、以隸古字寫之也。予三復乎此文，遂據以造為一說曰：景、武间古文问世，必經以今讀古並隸寫始得流傳，否則即歸于逸。當以今讀古並隸寫之時，頗有今文滲入而成今

古錯雜並用之本，古文原本藏于秘府，今文本為禮家所守，其流傳于通學者间皆是本也。今所得禮漢簡，其文頗異于劉向校定之本，論者侈談當[redacted]屬某家家法，其實漢世禮唯后氏學，二戴、慶氏並受后本，其經無異。簡本經記或用今或用古，斷非二戴、慶氏所持而必為古文隸定時滲入今文之本，此蓋斯編反覆論證其事使義無凝滯者也。考明漢世有古文隸定時滲入今文之本，乃恍然悟鄭本（即今本）之或從今或從古，非如賈疏以下所云出于鄭君擇善而從、改易經字，蓋其所據亦如簡本之錯雜並用，彼祇能辨今古，疊其異文于注並論其正誤耳。據漢簡而

發此千載之覆，使誣陷鄭君雜糅今古文、破壞家法之冤獄，卒得大白于世，此又斯編反覆證明期于廓清瞽說者也。簡本為邊陲學官所持古文或本，轉輾傳抄，書手寡識，校勘不精，而學師本屬具官備員之徒，初非才識之士，于禮經未通其讀，不能正其謬誤，遂使重衍脫譌，所在有之，斯編用相同儀注彼此互證之法而為之一一[redacted]釐訂[redacted]之也。簡本縱多衍脫，終屬西漢之本，于原本為近，其特善之處，往往可證今本千載之誤[redacted]而息禮家無窮之訟，斯編又一一為之鈎稽而表襮之也。十七篇之書，劉向校定而后氏今文本日以衰替，鄭玄注行而今古文各本俱

廢（范書稱『康成本習小戴禮』者，蓋以古經參校橋仁所傳禮記四十九篇，非別有異于后氏之戴聖經本，詳說拙撰禮漢簡非慶氏經本辨），禮家遂有憾于鄭氏之誤而深慨夫不得取證西漢舊本者[redacted]矣。此漢簡之出，為王肅以下諸家所未見，予何幸而一旦遇之，既據以證古文之非僞，復藉以論定漢世流傳者皆今古文錯雜並用之本，設四說以條貫之，終使積疑盡釋、違忤悉蠲，蓋若剖符之復合也[redacted]。釋其異文都五百零九[redacted]條，用以質[redacted]諸當世通人達士，甚望有以彈正之，當拜百朋之錫焉。

凡例

一、凡錄簡文，除當校之字外，其與今本異者，今本字用小字加圓括弧附注于下；今本多出于簡本之字，或簡本爛缺而補以今本字者，概加方括弧以示別。

二、當校之文出于摘錄，不計文義之完整，用逗號以斷句外，不加其他符號。

三、篇名字異者照錄。引文稱篇名用截取首兩字之例。

四、簡文悉注簡數，原簡一篇有重起至再至三者，陳夢家氏校記銜接編號，今從之，不復注原簡之數。

五、服傳甲、乙本與喪服丙本合校，以甲本為主，附見乙、丙本。甲本缺以乙本當校，甲、乙本未錄經記以丙本當校。

六、引諸家之說，其見于胡氏正義者，但稱某某云，不列其書之名。

七、簡本誤字，陳校已[redacted]改正者，不復釋之。

1. **士相見之禮**（第2簡簡背）**第三**（第一簡簡背）

今本篇次同。簡本九篇篇首均無『禮』或『禮經』字樣，可見西漢十七篇經本實無今本之大題。漢書儒林傳、藝文志並稱：『漢興，魯高堂生傳士禮十七篇』。[redacted]又經四世之傳，據鄭玄三禮目錄，至大小戴曾編定篇次，此特就禮傳類家言之耳，通學者所持經本未必皆如是也。史記儒林列傳云：『於今獨有士禮，高堂生能言之。』子長猶不知篇數；論衡短謝篇云：『見在十六篇，秦火之餘也』。荀[redacted]悅前漢紀云：『禮始于高堂生傳士禮十八篇，多不備』。東漢人追述傳聞，雖記篇數而其數復有出入。足證當時全經未曾彙輯成書，

篇數既未確定，其書亦未定名。藝文志列：『禮古經五十六卷，經十七篇』（首禮字貫下行，『經十七篇』即『禮經十七篇』），本[redacted]于別錄。目錄之書，不得不列書名，十七篇既經劉向校定，禮經之名，自必定于彼手。（儀禮之名為東晉人所加，辨見黃以周禮書通故，此不贅言。）

簡本九篇除服傳外均無正文外之篇名，可見西漢十七篇經本亦無今本之小題。十七篇正文首句即題名，簡本除服傳甲、乙本外首句均與今本相同。首句指明某禮，既是其篇正文，又具題名性質。視為題名，歷來無異議；視為其篇正文，恐未易為學者所首肯，特舉四證以明之：一、正

篇正文。近來已為學者所首肯。詳舉四證以明之：一，五篇正文，又具見古禮記。既為古文，歷來無異辭，既為其傳甲、乙本中皆有，與今本相同。首句指明某禮，既是其經本亦無今本之外題。十七篇正文首句明題名，簡本所題

篇名乃後人據《傳》的無正文以外錄名，可見西漢十七篇早有，並見前以《漢書》所改，此不贅述。)
經已成形，《儀禮》之名，自必定于後世。(儀禮之名為東晉人所加)，《本經》目錄。目錄之書，不見于列書名，十七篇既六藝，《禮十七篇》(古籍目數皆作十七行)，載十七篇而即載十七篇題既未所定，其書亦未定名。《藝文志》："《禮古經》五十

漢藝略禮經總 五

經的篇數亦與據所出入。又禮高堂生今經未曾有疑問，言書。《禮》始于高堂生傳士禮十八篇，多不備。東漢人直述稱，《禮記》禮記略，見存十六篇。秦火之餘也。"首稱漢記云。六。"又余今經有士禮，高堂生能言之。"於禮不應漢儒說。"論經所謂文耳，通禮古經所採錄本來沒有篇名書。史記儒林傳、經傳三禮目錄，至大小戴禮篇次。此時的儀禮志著錄：《漢興，魯高堂生傳士禮十七篇》。四篇的日本之可見西漢十七篇未以今本之大題。漢書儒林傳，藝文今本同。簡本乃篇所題的無正文外篇題分錄。

一、士相見之禮（簡本篇題）第三（第一簡背面）

文首句言某某禮或某某之禮，本為指明其事，如「士冠禮，筮于廟門」；「士相見之禮，贄，冬用雉，夏用腒」；上下文氣連貫，絕無隔閡，如以「士冠禮」「士相見之禮」為篇名而不屬正文，則下文文無主[redacted]語，將不知何事矣。二、簡本「特牲饋食禮」「燕禮」「喪服」（丙本）篇首均有「□」「○」標記，在特、燕、喪字之上，可證經師將某某禮視作正文，如以為篇名，標記應在禮字服字之下。三、王國維云：「詩書及周秦諸子大抵以首句二字為名，此古代書名之通例。」諸禮經本本同此例，亦截取首句二字為篇名，[redacted]祇因後人不識此例，故今本小題均改某某禮全稱，截取之

義遂不可復見；但既夕、有司兩篇以顯非正文外之篇名，故至今仍得保持截取二字為名之意。（唐石經作「既夕禮」，顯出無知妄加。既夕下尚有人敢妄加禮字，士冠、士喪下為人臆加禮字蓋無可疑。）四、服傳為單傳別行之本，「服傳」二字非其篇正文，故簡本此二[redacted]字不在篇首。凡此[redacted]足證西漢十七篇以首句正文作題名，別無正文外之篇名。今本小題在上，據近出熹平石經殘存「鄉飲酒[redacted]第十」五字，又鄭玄目錄所述別錄篇次，均出劉向之後，殆亦劉向所加。

簡本第一、二简簡背題有篇名，有與正文首句相同者，如「士相見之禮」「燕禮」；有截取首句二字者，如「特牲」

『少牢』『有司』『泰射』，既無固定款式，自非正式篇名。竹木簡[redacted]編繫成卷，此亦不過卷外標識，便于取讀而已。簡背又題有篇次（丙本喪服單經無篇次），與鄭玄目錄所列大小戴篇次及劉向別錄篇次均不相同。今就其本身所示情狀而辨析之：一、武威磨咀子六號漢墓出土祇有七篇九卷，而論衡正説篇云：『孝宣皇帝之[redacted]時，河内女子發老屋，得逸易、禮、尚書各一篇』。祇有一篇。證之鄭玄禮注，凡引禮、禮記祇舉篇名，如禮記少儀注引鄉射禮、周禮掌次職注引大射，蓋以簡書繁重，一篇一卷，往往單篇別行，故武威所出祇九卷，而河内老屋祇藏一篇。劉向校定以前，凡所流通，

多單篇別行之本，此墓之習禮經師，僻處邊陲，求書不易，絡續收得，實未獲見十七篇全經，所題篇次何足為據？二、簡本九篇分三種類型，一為甲本木簡七篇，其型式、字數、字迹略同，二為乙本服傳小字木簡，三為丙本喪服單經大字竹簡，顯非一人之傳、完整之書，甲本七篇蓋墓主據流傳本合鈔，而乙、丙本殆得之他家之藏，篇次不過錄自原鈔舊次耳。三、據鄭玄目錄知大小戴對十七篇各有篇次，然鄭氏禮注絶無涉及二戴之異文異義，然則同出后蒼之今文本，亦祇二戴所加篇次有不同耳。禮家次第前後，容有義理可[redacted]循，其他持有者，所得有多寡，各自編排，率

多錯雜無義，全經既未最後確定，次第安能統一？然則所謂篇次者，不過持有者作檢索之用耳。簡本七篇之次，無論用何種編排方法補足十七篇，均無義理可言，以篇次論簡本，適足證其為禮今文、禮古文外之古文或本也。

第，陳夢家氏漢簡校記（以下簡稱陳校）云：「簡竹頭字多寫成艸頭。」案漢碑亦然。顧藹吉隸辨云：「諸碑從竹之字與艸無別。」

2. 墊，冬用雉，夏用居，左梪奉之（第一簡）

今本墊作贄。錢大昕十駕齋養新錄云：「摯正字，贄俗字。士冠、士昏皆用摯字，獨士相見篇皆作贄，蓋張淳所改。」是贄當作摯。陳校云：「此簡第一墊字與第九簡第一墊字，其所從之土皆後加，墨色淡。」案第2簡「聞吾子稱執」作執，當是從土為後加而此字遺漏，可見所據鈔之本原作執。史記五帝本紀「二生一死為摯」，集解引馬融云：「摯，二生羔、鴈，卿大夫所執；一死雉，士所執。」正義云「摯，執也」。以聲類為訓。作執為聲同通段，摯為加形旁後製正字，而墊乃書手鈔寫譌字。

今本居作腒。周禮庖人職、禮記內則鄭注並云：「腒，乾雉。」簡本作居為聲同通段，腒亦後製正字。

[illegible]

今本居作居。[illegible]

[illegible]

以聲類為訓。[illegible]

[illegible]

八

[illegible]

今本作簿。錢大昕十駕齋養新錄云:[illegible]

2.簿、多用簿,夏用居,古籀未見(第一冊)

[illegible]與手無別。』

[illegible]

[illegible]

簡本𢪞之作執，腒之作居，蓋即論者所謂古字無偏旁與有偏旁往往以聲同通段，徵之說文，亦有此例，如于臤字云「古文以為賢字」，于哥字云「古文以為謌字」，于㬎字云「古文以為顯字」，于爰(即袁)字云「古文以為轅字」是也。簡文異字，此例甚多，于士相見五文：𢪞作埶(執)，腒作居，鄉作鄉，荅作合，幣作敝；喪服單經並服傳十四文：蕢作貴，搞作鬲，鍛作段，楣作麋(眉)，菜作采，蔍作麃(麃)，蘱作頪，沽作古，禰(禰)作璽，寓作禺，謂作胃，仕作士，接作妾，娣作弟；特牲十七文：塾作孰，儀作義，籩作邊，鉶作刑，筵作延，飪[redacted](腍)作念，側作則，槃作股(般)，醘作盍，篚作匪，酬作州，薇作微，荁作亘，壁作辟，墉作庸，纁作熏，懷作褱；少牢一文：妃(⿱肥女)作肥；有司六文：攝作聶，議作義，臂作辟，糗作臭，縮作宿，腶作段；燕禮五文：膳作善，侍作寺，旅(臚)作盧，笙作生，牲作生；泰射六文：揉作柔，鉤作句，政作正，墨作黑，隈作畏，搢作晉。(括弧中為考定之字或今古文異字，見各該字下校釋。)凡五十四文。其見于羣書可援為前例者約五之三，注家僉謂同聲相段。近數年來，長沙馬王堆[redacted]漢墓出土竹簡遺詞與帛書古籍，臨沂銀雀山漢墓出土竹簡兵書，頗多此類段借字，持與相核，其不見于彼竹簡帛書者財數文耳，可見漢隸皆如是作也。古時字少，無其字而

借用他字必依乎聲，故往往一字而以聲同聲近段作數字。譬如刑字，有段為型，荀子彊國篇「刑范正」，楊注「鑄規模之器」，[redacted]，國語魯語「夕省其典刑」；又段為鉶，周禮內饔職「凡掌共羞脩刑膴胖骨鱐」，鄭注「鉶羹也」，漢書司馬遷傳「歠土刑」。譬如辟字，有段為避，荀子榮辱篇「不辟死傷」，喪服傳「則辟子之私也」；又段為闢，詩召旻「日辟國百里」，荀子議兵篇「故辟門除涂以迎吾入」。此等例證，見于羣籍，俯拾即是，不勝舉也。然此類段借[redacted]之[redacted]法，[redacted]初尚易明，[redacted]日久人事[redacted]逾繁，[redacted]其用終屬有限，淆亂萌生，勢必加形旁以便區別，孳乳寖多，形聲之字乃驟增。然則由發展趨勢以觀察演變，當是借字在前，加形旁正字實係後製。雖然，形聲字以漸成，

禮漢簡異文釋　十

型鉶避闢之形旁非同時所加，故此之正字已出現，彼之段字仍通用者，乃例之變也。更有臨文取便而略去形旁，或嗜古成癖而故作古文者，不過俗寫或炫耀耳，皆非文字發展之正途，誠不可據以為典要也。

今本桓作頭。下第9簡下大夫相見節作「左短」。二文鄭注並云「今文頭作脰」，士虞記「取諸脰膉」，鄭注「古文脰膉為頭膉也」，是簡本用今文作脰，惟一誤木旁，一誤矢旁，陳校云「皆脰字」是也。說文訓頭為首，訓脰為項，義本有別。公羊傳文公十六年何注「殺人者刎頭」，釋文：「[redacted]本又作脰」，今文當作脰也。[redacted]白虎通引作「左顧」，蓋頭之

此奉雅之法，左項亦通，其義未必古文[redacted]長于今文也。

形譌，實用古文，與今本同。

3. 主人對曰，某子以命命某見，吾子又辱，請吾子之就家[redacted]，某將走見（第1簡）

今本對作對。說文丵部云：「對，譍無方也。从丵、口，从寸。對，對或从士，漢文帝曰為責對而面言，多非誠對，故去其口曰从士也。」簡本有作對，有作對，錯雜並用，當時正或通作也。

今本無以命二字。上文賓到門之辭云「某子以命命某見」，鄭注：「以命者，稱述主人之意。」敖繼公云：「以命，以主人之命也。言某子以主人之命命某見乃敢見也。」凡相見必先

有求見者，求見者為賓，被求見者為主人。求見必有介紹通意，介紹者將主人[redacted]顧與交往之意告于賓，賓始往見。到門之辭稱某子，指介紹者；稱以命，指主人願與交往之命，故賓辭必有「以命」二字。此文為主人答賓到門之辭。今本作「某子命某見」，某子指介紹者，命為介紹者之命。欲申述謙抑之意，故表示先往見賓，下云「吾子有辱，請吾子之就家也，某將走見。」即是不敢出見，請賓回家，已將往見。依簡本則「以命」指何人之命，無所係屬，實難[redacted]通釋。簡本顯係涉上句而誤衍二字，[redacted]蓋書手不明賓主人對答之辭之應有[redacted]異也。[redacted]

[redacted]今本又作有。又、有古同聲通段，群書有用又為有，如易繫辭傳上「又以尚賢也」，釋文：「鄭本作有以」。亦有用有為又，內則「三王有乞言」，鄭注：「有讀為又」。簡本此篇有字均作又。鄭注：「有，又也」。今本用有為又，簡本還作又。簡本特牲、少牢、有司均用[redacted]有為[redacted]又，見154條。

今本家下有也字。簡本九篇中也、故、者、而、其、亦、于等虛字，與今本互見有無，殊不一致，兩相比較，簡本傾向于少用虛字。虛字之有無，除有關今古文之異同者外，凡無害文義者，已具于陳校，此不一一校釋。

鄭注「今文無走」，簡本與今本俱有走字，均用古文。

4.某非敢為儀，請吾子之就家〔也〕[redacted]（第2簡）

今本非作不。此篇問對之辭簡本作「非敢」者六，作「不敢」者五；今本作「非敢」者二，作「不敢」者十。鄭注云「今文不為非」者二，簡本與今本均今古文錯雜並用。[redacted]雖虛字誤于書手者多，[redacted]未可[redacted]信其悉符原本，要之二本均非純粹之今文或古文本為無可疑也。

今本請上有固字。鄭注：「固，如故也。」上文主人已請賓

就家，賓辭；再請其就家，故曰固請。與下文賓云『固以請』相呼應，當有固字。鄭注『古文云固以請』，今本用今文。簡本與今文為近，蓋[redacted]誤脫固字耳。

5. 某固辭，不得命，將走見（第2简）

今本某下有也字。此篇某下除簡本、今本均無也字者外，『某也固辭』三句，『某也既得見矣』三句，『某也不依于摯』『某也非敢求見』『某也命某』『某也夫子之賤私』『某也命某』，燕禮『使某也以請』，簡本均無也字。『某也願見』『某也使某還摯』，簡本有也字與今本同。某為賓主之名，名下也字為語助詞，胡培翬所謂『取其配文足句，非有他義。』徵之論語『回也』『賜也』，應以有也字為長。鄭注云『今文無也』者二，簡本與今本均今古文錯雜並用，蓋皆古文本隸寫時據今文[redacted]刪去者也。

今本辭作辭。辤、辭之別，說文辛部云：『辤，不受也。』『辭，說也。』段注：『按經傳凡辤讓皆作辭說字，固屬叚借，而學者乃罕知有辤讓本字。』簡本辤讓字作辤，用其本字；辭說字亦作辤，則又段辤為辭。

鄭注：『古文曰某將走見。』簡本與今本俱無某字，均用今文。

6. 敢固以請（第3簡）

今本固上無[redacted]敢字。主人辭摯，初辭曰『敢辭摯』，再辭曰『敢固辭』，故賓對以『敢固以請』。以上下文比勘，簡本為長。特牲宿尸節『占曰吉敢宿』，鄭注『今文無敢』，簡本或用古文。

7. 出迎再拜，賓合拜（第3簡）

今本迎下有門王外三字。凌廷堪禮經釋例云：『凡迎賓主人敵者於大門外，主人尊者於大門內』。出迎既有門內門外（大門內即寢門外，此門係指大門）之別，當無籠統言之之理。士相見賓主人尊卑相敵，當出大門相迎。又下云『主人揖，入門右；賓奉摯，入門左』，主人出大門迎，始有主人入門右賓入門左之儀。凡此均證簡本誤脫。

今本合作荅，（荅下有再字。）陳校云：『合，今本及熹平石經俱作荅』。

簡本此篇惟第9簡一見荅字，餘均作合。有司第49簡以前作荅，第50簡後作合，第74簡後又作荅。燕禮惟記中一見

荅字，餘均作合。臨沂銀雀山漢墓出土孫臏兵法荅字亦作合。禮記郊特牲、祭義鄭注：「荅，對也。」爾雅釋詁：「合，對也。」左傳宣公二年「既合而來奔」杜注：「合猶荅也」。合、荅聲同通段，[redacted]簡本錯雜並用。

[redacted]士相見賓主人尊卑相敵，主人出迎再拜，賓荅亦再拜。下士見于大夫節「於其入也，壹拜其辱也」，「賓入，奠摯再拜，主人荅壹拜」；臣見于君節「士大夫則奠摯再拜稽首，君荅壹拜」。尊卑不敵，始有尊者一拜。簡本誤脫再字。

8. 主人拜受，賓拜送埶（摯），出（第4簡）

今本二拜上俱有再字。下第6簡主人還摯節「主人拜受賓拜送埶（摯）出」，今本二拜上亦俱有再字。賓主人尊卑相敵，拜應相當。簡本于出迎，主人再拜而賓祇一拜，上已斷為誤脫再字。此文奉摯與下文還摯，賓主人俱一拜，亦相敵之義。迎送皆再拜，摯之奉、還皆一拜，于不同儀注見禮[redacted]意之隆殺，簡本為長。

9. 主人送再拜（第4簡）

今本送下有于門外三字。凌廷堪禮經釋例云：「凡送，賓主人敵者於大門外，主人尊者於大門內」。與出迎相同，送亦有門內門外之別，自亦不應籠統言之。士相見尊卑相敵，當送于大門外。又下還摯節[redacted]有「主人（即原來之

賓）送于門外』之文，簡本與今本同，可見迎送均于大門外。凡此均訛簡本誤脫。

10. 復見之，以某摯（摯），曰鄉者吾子辱使某見[redacted]（第4簡）

今本復上有主人二字。王士讓云：『賓既見而主人復見之，所謂相見也。』此儀稱『還摯』，即主人受賓之摯後即到賓之門還其摯而復見之。事既更端，文亦重起，非承上文而來，則『復見之』上無『主人』二字，既無主詞，又不明之[redacted]（字）何所指，實不可通。及至主人（被求見者）到賓（求見者）之門後，賓主互易，稱主人即原來之賓，稱賓即原來之主人。簡本抄寫者不識下文稱『主人對曰』即原來之賓，以為與『主人復見之』必有一誤，遂誤刪[redacted]主人[redacted]二字。

今本以某作以其。此還賓之摯，故云『以其摯』。此篇某字均代賓主人或介紹者之名，此文毋須用名。細審圖版，簡本某字寫作某、具、其，中豎略短即成其字，故多其某互誤。但此文『其』，摹本不誤，乃陳氏釋文誤定為某。

今本鄉作曏。鄉字削改重寫。經傳多段鄉為曏，論語顏淵：『鄉也吾見於夫子而問知』，釋文云：『又作曏，同。』曏鄉聲同通段，曏為後製正字。

誤脱送字。

14. 如當為臣者則禮辭其墊(摯)(第6简)

今本如作若。今本若字简本均作如。有司辯獻衆賓節『若是以辯』鄭注：『今文若為如。』則简本用今文。又此篇『若君賜之爵』鄭注：『今文若賜之爵，無君也。』似鄭所據本今文亦有作若，故徐養原儀禮今古文異同疏證云：『若如一聲之轉，經傳多互通。康誥「若保赤子」，大學引作如；秦誓「如有一介臣」，大學引作若』以為二字傳寫不別，其實不然。二字多通用，祇證[redacted]傳本易訛，不能證[redacted]今古文無別。鄭此注祇言今文無君字，而于若字或乃偶然失照，或乃厥後傳寫之誤，今據简本，始知今文作如不作若也。

今本當作嘗。特牲第43简嗣子長兄弟蕃養節「祝命當食」，今本亦作[redacted]嘗。以摯相見為客禮，有臣屬關係者即不應以摯相見。嘗為臣者即往昔曾隸屬為臣而今也無此關係，雖得以摯相見，但應減常禮一等。作『當為臣者』『當食』均不成文義，實不可通。細審圖版，下第13简『嘗膳』作嘗，此文及特牲皆作當，不過形體微譌，不應逕定為當。

今本摯下有曰某也辭不得命不敢固辭十一字。此亦記士見大夫與士相見之不同儀注。士求見于大夫一辭而許，

其辭上文未見，辭辭又不同，不應省略，此十一字顯係誤脫。

15. 賓入鄭墊（摯）再拜（第6简）

今本鄭作奠。簡本此篇與喪服、特牲、少牢、燕禮、泰射俱作鄭，有司有作鄭，有作壉。案鄭、壉俱為奠之加形旁字。卜辭彝銘地名之鄭俱作奠或酋不从邑，而奠之作鄭，猶豐之作酆，會之作鄶，成之作郕，俱以段作邑名而後加形旁耳。壉字字書不見，加土旁與邑旁義亦相近。但奠置、奠定字當作奠，簡本實為誤加形旁。簡本此例數數見，服傳之受作綬，喪服經之加作駕，朋作崩，特牲之充作統，有司之脊作膌，先作洗，反作販，燕禮之豐作酆，鄉作薌，泰射之象作瑑，席作㡀皆是也。

16. 使擯者還其墊（摯）於門外（第7简）

今本於作于。廣雅釋言：『於，于也。』說文亏部、爾雅釋詁：『亏，於也。』二字互訓通用，段玉裁所謂『今音于羽俱切，於央居切，古無是分別也。』簡本今本俱亏於錯雜並用，且多互異。阮元校勘記云：『唐石經于字一千四百四十三，於字一百四十二，莫詳其義例。』諸刻注疏尤參差不一，

不改使為命，致啟後人之訟。简本再辭與三辭無異，前後一貫，衆訟立解，然後知今本之誤，蓋初衍某字，繼又臆改耳。

[redacted]

18. 飭之以布（第8简）

今本飭作飾。羣書飭飾二字通，柳敏碑「汶飭不雕」，段飭為飾也；禮記樂記「復亂以飭歸」，段飭為飾也，故史記樂書作飭。此文简本亦段飭為飾也。

19. 上大夫相見以羣，（飾之以）布，四維之，結于面，左短（頭），麃執之（第8—9简）

今本羣作羔。此記上大夫相見所用之摯及執之之法。春秋繁露、說苑、白虎通均謂卿（即上大夫）之摯以羔，與[redacted]本文同。羣書羣與皋通用，尚書「皋陶」，列女傳作「睾陶」；范鎮碑「綜睾陶甫侯之遺風」，別體又作睾。左傳哀公二十四年「皋如」，春秋繁露作大夫睾。皋與羔通，孔子弟子高柴，其字论语先進、左傳哀公十五年、史記仲尼弟子列傳作子羔，禮記檀弓[redacted]作高子皋、季子皋，孔疏云「羔皋通」。而家语子夏问「子羣问於孔子」又作羣，然則羣實

[redacted]皐之形譌也。

今本麃作麛，上有如字。說文鹿部：「麛，鹿子也。」爾雅釋獸：「鹿，牡麚，牝麀，其子麛。」釋文：「本或作麑。」白虎通亦作麑。釋獸又云：「麋，牡麔，牝麎，其子䴢。」國語魯語韋注：「鹿子曰麑，麋子曰䴢。」麋亦鹿屬，是麛、䴢均為幼鹿。史記孝武本紀集解引韋昭曰：「楚人謂麋為麃。」說文又云：「䴢，麋屬。」（據小徐本）然則䴢為麃之形譌。許慎以麃為票省聲，與䴢聲亦近，簡本麃當作䴢也。又麛據鄭注為孤之摯，恐出臆想。白虎通文質「右贄執麑」，劉師培禮經舊說以為右當作古，「謂古贄本用麑鹿，嗣則雖以羔代而執法仍同。」

又麛[redacted]上無如字不成文義。上記下大夫相見執摯用鴈云「如執雉」，簡本有如字，則此為誤脫無疑。上大夫摯用羔，雉鴈兩足，羔麛四足，執之之法不同，故別云「如麛執之」。

20. 見于君，執墊（摯）至下，容送俶（第9簡）

今本見上有始字。此臣見于君節，盛世佐云：「摯唯新臣有之，常朝及燕見則不用也。」語猶未達。臣（包括卿、大夫、士）之于君，喪服稱之為「至尊」，具臣屬關係，無賓主之義，見不用摯。卿大夫之私臣，其義同。上文士嘗為臣者見于大

夫，當時已無臣屬關係，故可稱摯；此為新臣，初次見君，于其來也，臣屬關係猶未樹立，故允其稱摯，以後則不以摯見。此「始見」之義也。無始字義不顯豁，简本誤脫。

今本送俶作彌蹙。下第15简「容彌蹙以為儀」[redacted]句適爛缺。[redacted]案送當為迷之形譌，迷與彌聲近通段，左傳之彌子瑕，大戴禮記保傅篇作迷子瑕。又蹙當作踧，說文足部：「踧，行平易也」行容平易以示敬。踧與俶聲同通段。

21. 士大夫則鄭(奠)墊(摯)再拜稽首，荅壹拜(第9简)

今本荅上有君字。此節記見君之禮容，遂及用摯時之拜法。臣見君再拜稽首，凡禮皆然；而君之相荅，則各有不同。[redacted]此文欲明君之拜法，不應無君字，今本為長。

22. 如(若)也(他)國之人則使擯者還其墊(摯)(第9—10简)

今本也國作他邦。简本他字俱作也，本作它，俗誤作也，周憬功勳[redacted]銘「檀柂提口」，顧藹吉隸辨云「廣韵俗从㐌作拖」可證。士虞記「三虞卒哭[redacted]，他用剛日亦如初」鄭注：「今文他為它」。简本用今文。說文邦國互訓。简本避劉邦諱俱作國。高堂生漢初今文本當避邦為國，此亦用今文。

今本摯下有曰寡君使某還摯七字。此他國之人見于君使擯者還摯之辭。其辭已見士見于大夫節：「賓出，使擯者還其摯于門外，曰某也使某還摯」。兩節相異之處：彼節擯者與賓對語，應錄全辭；此節他國之人不辭而受還摯，祇須錄賓之對語「君不有其外臣，臣不敢辭」為已足，不必複述前語。此重出之文，得簡本而可證今本為後人所臆加。

23. **辨君所在**（第10简）

今本辨作辯。上「必辯君之南面」，簡本作辯，與今本同。禮記喪服四制鄭注：「謂喪事辨不所〔當〕共也」，釋文：「辨，本又作辯」。說文辡部「辯」字段注云：「俗多與辨不別」。簡本每多正段並用不別也。

24. **凡言，非對也，稱而復傳言**（第10—11简）

今本稱作妥，復作後。陳校云：稱字削改。不知原作何字？此節言進言之法，鄭注：「妥，安坐也。傳言，猶出言也」。與尊者言事，對尊者之问必隨问隨荅，不待坐定；己所陳說，必安坐而後出言。依簡本，稱，舉也；復，又也。待尊者舉某事為问而重又出言，則與「非對也」相矛盾。簡本經師所改實誤。鄭注：「古文妥為綏」。彼經師對今

古文亦不盡詳悉，其為臆改無疑矣。

25. 與衆言，言忠信（慈祥）（第11簡）

今本謁作祥。集韻陽十[redacted]：『謁，譽也，謹也。』別一義。此殆段易（即陽字）為祥而誤加形旁。陳校云：『此二字上下有圓括弧，是讀者所作刪去號。今本「與衆言言忠信慈祥」，忠信與慈祥相重，故此讀者欲刪去之，而大戴記注引此句無忠信二字。可見不同家法，或刪忠信，或刪慈祥，俱嫌其重。』按陳說非也。據經文『與衆言，言忠信慈祥；與居官者言，言忠信』，敖繼公據大戴記注，以為『因下有言忠信三字而誤衍』。敖說近是。忠信與慈祥義不重複，而刪慈祥則與衆與居官者無別，禮經無此文例，有何不同家法之足云！

26. 凡與大人言，始視面，中視袍，卒視面，無改，終皆如（若）是（第11—12簡）

今本袍作抱。說文衣部列袍、袌二篆，『袍，[redacted]襺也。』『袌，褱也。』即衣有表有裏而充之以絲綿或麻絮者。即褱抱字。段玉裁注云：『論語「子生三年然後免於父母之懷」，馬融釋以懷抱，即褱袌也。今字抱行而袌褱廢矣。』中視袍，正是褱袌之袌而非訓襺之袍。袌抱古今字，古[redacted]有作袌而隸定為袍耳。

此即簡本[redacted]保存古正字之一也。

今本無作毋。下第12簡「無上於面，無下於帶」，今本亦作毋。第14簡「君無為與」，今本同。服傳第41簡「可毋慎乎」，今本作無。燕禮第52簡「吾子毋自辱焉」，今本亦作無。泰射第50簡「毋射䕶(獲)，毋獵(獵)䕶(獲)」，今本同。第103簡「衆毋不醉」，今本亦作無。又第59、92簡「每周」，每為毋之誤加形旁字，今本作毋，實同。鄭氏此篇二注、公食「毋過四列」注並云：「古文毋作無」，是簡本今本俱今古文錯雜並用，祇互見歧異耳。說文毋部「毋」字段注云：「古通用無，漢人多用毋，故小戴禮記、今文尚書皆用毋，史記則竟用毋為有無字。」是毋為正字，無為叚借字

今本終作衆。鄭注：「今文衆為終。」簡本用今文。徐養原疏證云：「衆與終古字通。周易雜卦傳『大有衆也』，釋文云：『衆，荀作終。』史記五帝本紀『怙終賊刑』，徐廣曰：『一作衆。』說文䖵部：『⿱宂䖵，从䖵宂聲。宂古文終字。[redacted]蝝，螽或从虫衆聲』作⿰虫衆。」是衆為正字，終為叚借字。

陳校云：「簡文與作興、與，舉作舉、舉，興作舉、舉或興。」案周憬功勳銘「郡又與南海接比」，又「舉孝廉」，是簡本與舉興等字多係漢隸別寫。凡此等別寫之字，此[redacted]舉以見例，下不悉校。

27. 如(若)父，則遊目，無(毋)上於面，無(毋)下於帶，立則視足，坐則視膝(第12簡)

鄭注：「今文父為甫。」簡本與今本同用古文，今文作甫實误。

今本立上有若不言三字。此節記士與大人(卿大夫)或父進言時之禮容。鄭注：「不言，則伺其行起而已。」此一節[redacted]為與大人或父言說，視其足或膝以知其將行起也。如無若不言三字，則此二者專屬于父，不第使上下文失却照應，且不能明其義也。[redacted]簡本抄寫误脫。

28. 凡侍坐於君子，君子吹申，問曰(日)之蚤晏，以食具告，改居，(則)請退可也(第12簡)

今本吹申作欠伸。禮記曲禮上：「侍坐於君子，君子欠伸，撰杖屨，視日蚤莫，侍坐者請出矣。」少儀：「侍坐於君子，君子欠伸，運笏，澤劍首，還屨，問日之蚤莫，雖請退可也。」均與此文略同。欠與吹聲義俱不可通，(簡本作吹，)殆如他文莫之作鄭、反之作販，俱屬誤加形旁耳。

鄭注：「古文伸作信。」禮記儒行：「竟信其志」，鄭注：「信讀如屈伸之伸，假借字也。」說文人部「伸」字段注云：「疑

此字不古，古但作詘信，或用申為之，本無伸字。宋毛晃曰：「古惟申字，後加立人以別之」。又云：「虫部尺蠖屈申蟲也，太平御覽引作[redacted]「曲信蟲」。然則簡本與今本同用今文作申，作伸乃俗寫耳。服傳甲本齊衰（第12簡）期章「不敢信其私尊也」，作信用古文，[redacted]別有說，見拙撰漢簡服傳考。

今本蚤作早。鄭注：「古文早作蚤」。胡承珙疏義云：「早正字，蚤古文段借字。漢書多借蚤為早晚字」。楚元王傳顏注：「蚤，古早字也」。簡本用古文。

29. [redacted]膳儀[redacted]（第[redacted]13簡）

今本儀作莗。鄭注：「古文莗作薰」。「膳儀」不成文義，書手抄誤，特不知簡本用今抑用古耳。

30. 呫嘗膳（第13簡）

今本呫作徧。鄭注：「今文呫嘗膳」。盧文弨改云為文。簡本用今文。臧琳[redacted]云：「廣雅釋詁呫、嘗同訓為食，呫既訓嘗，呫下不當更有嘗字。蓋古文徧嘗膳，今文徧呫膳，「今云呫嘗膳」當作「今文云[redacted]呫膳」，文字脫，嘗字衍也」。徐養原疏証云：「呫與徧形聲絕遠，說文無呫字，呫既訓嘗，則呫嘗不得連文。周禮膳夫（職）「品嘗食」，注云「品者每物皆嘗之」。

禮記玉藻「命之品嘗之，然後唯所欲」，注云「必先徧嘗之」，疏云「品猶徧也」。此[redacted]經古文作徧，今文作呫，竊疑呫當為品，因字形相涉而誤耳」。呫嘗連文，決為有誤，臧、徐之說均善，但簡本已作呫嘗膳，則其誤蓋在漢初。

31. 君命之食然後食授（第13简）

今本無授字。陳校云：「今本奪授字」。陳氏校記對二本異文絕少[redacted]斷案，此獨定今本奪字，其實大誤。此君賜食節今本全文：「若君賜之食，則君祭先飯，徧嘗膳，飲而俟，君命之食然後食。若有將食者，則俟君之食然後食」。[redacted]本師曹[redacted]元弼先生禮經校釋（卷三）云：「若君賜之食節，言見客於君之禮，論語侍食於君節，玉藻若君賜之食而君客之節，皆與此同。若有將食者節，言侍食常禮，玉藻若有嘗羞者一節，與此同」。見客于君而賜食之儀，當在逸禮，據玉藻之記，可推比而知。此節前段君臣均無將食者，後段君有將食者而臣無將食者。將食者即佐食者，惟尊者有之。就食時，將食者每取食[redacted]必先嘗以示無它，然後授與尊者，尊者食將食者所授之[redacted]，名曰「食授」。「食授」為禮儀之專詞，尊者有將食者始有「食授」之儀。此節前段君無膳宰佐食，于君取酒食祭始為飲食之神時，臣即取諸食先

嘗，若為君佐食嘗膳。君既無將食者，臣自不當有；無將食者自無授食之儀，又何來『食授』。後段君有將食者，即膳宰佐食，臣不必為君嘗膳。但臣仍無將食者，君有『食授』之儀而臣仍無之。前後兩段『然後食』句均屬臣食，君前臣卑，均無將食者而無『食授』之儀。簡本食下『授』字，實為误衍無疑。[redacted]

32. 如（若）賜之爵，則下席再拜稽首受（爵），升席祭，卒爵而俟，君卒爵，而後授虛爵（第13—14簡）

今本賜上有君字。鄭注『今文若賜之爵，無君也』。簡本用今文。胡承珙疏義云：『案無君字則不明所賜，且此文上下與玉藻文略同，玉藻有君字，此不當異。』案玉藻『若賜之食而君客之』與『君若賜之爵』不相連屬，自成一節；此文『若賜之爵』承前段『若君賜之食』，可以無君字，胡說未允，今文可從。

今本而後作然後。聘禮記『君還而後退』，鄭注：『而後猶然後也。』王引之經傳釋詞云：『然猶而也，然後，而後也，乃也，常語。』

33. [redacted]坐取屢，隱辟而後屢（第14简）

今本二屢字俱作屨。简本此篇[redacted]與喪服丙本服傳甲、乙本之「菅屨」「繩屨」「麻屨」以及泰射第102简之「說屨」俱作屢。說文履部「屨」字段注云：「晉蔡謨曰：『今時所謂履者，自漢以前皆名屨。』履本訓踐，後以為屨名，古今語異耳。」是古文當作屨，漢隸通行字作履也。简本作屢者，蓋原以聲同假婁為屨，後加尸旁作屢，漢人不識尸旁，抄寫脱彳耳。徵諸篆文屨、屣、屝、屩等字，說文均云从履省，則固有尸旁，非如許氏釋履為从尸从彳，不過許氏欲以諸字隸履部，遂曲說以為从履省[redacted]耳。

34. 大夫則辭下，比及門，三辭（第14简）

今本則辭下有退字。此節記臣侍坐于君而退去之儀，而士與大夫其儀不同。上文云「退，[redacted]君為之興，則曰『君無為興，臣不敢辭。』君若降送之，則不敢顧辭，遂出。」敖繼公以為下文言「大夫則辭」，則此「為士明矣」。士祇有退而君為興一辭，君若降堂而送，則不敢再辭，不顧而去，蓋士卑不敢與君為禮。大夫尊于士，應有相異，得與君三辭為禮：退者，大夫告退而君為之興，一辭；下者，鄭注

云：「下亦降也」降堂而君從降，再辭，將出門，三辭。君送不出門，三辭至于門。無退字，祇有降堂、及門二辭，足證簡本誤脫。細審圖版，則下有削改痕，空一格，似寫時退與辭誤倒，削去而未補寫者。

35. 如(若)先生與爵者請見之，則辭。不得命(第14—15簡)

今本與作異。此節記致仕大夫求見于士之儀。據簡本則求見于士為先生與爵者二者。泛稱爵者，士亦[redacted]爵名，與以尊降卑之義不合。玉藻「侍食於先生異爵者」，[redacted]士喪禮「他國之異爵者」，「凡異爵者拜諸其位」，「告于

異爵者」，均與本文異爵者同義。鄭注：「先生，致仕者也。異爵，謂卿大夫也」致仕卿大夫來見，尊于士，故其儀有不同也。簡本作興，蓋為異之形譌。

今本重辭字，屬下讀。大夫爵尊，來見當辭；辭而未得許可，應告以當往彼求見而先出拜見之，例無固辭之儀也。然則「則辭」為禮之常，一辭而「不得命」則先見之[redacted]為禮之變。「不得命」句上文屢見，今本此文係涉下辭辭「辭不得命」句而誤衍。

36. 非以君命使則不稱寡，大夫則曰寡君之老(第15簡)

令本微作帶。說文巾部：「微，幟也。一曰取衣。」巾部：

37. 凡勒微勒微者不〔達〕（第15簡）

[redacted]，不當讀爲「本」，陳氏釋文、校記均誤。

第11簡「□者」作「□者」，服傳第8簡「室者」作「□者」，此作帶，

令本本作「帶」。帶即室也。作「本」[redacted]。縮、圖、繳，

本誤衍士字。

士字，則此大夫爲擯者，使臣當爲卿，乃稱其君之老。今

三字行文，疑說「使」爲「士」，近無定論。得簡本而知本無

無涉通釋，（蘿）以下，均以爲文有訛舛，疑說「士則曰」

禮漢簡異文釋

句連讀而及大夫爲擯者。今本作「大夫士」，與上句矛盾。

稱「寡君之老」，使臣爲大夫則不稱「寡」，「寡」即寡大夫。下

于士，上句指士爲擯者，非以君命出使，如使臣爲卿則不

者之辭，乃使臣之擯者對主國稱其使臣之辭。此禮主

令本夫下有士字。此節注家均依王讓立解，謂擯

逭，不應與大夫連文。

者形相變耳。陳氏釋文、校記不當逭定爲寫，且當在寡字

之君不祠趨詞（敦煌）「雍義孤寡」略同，後

五簡寡君亦作寫君，簡本寡字作實，又有作寫，前者與燕

令本寫作寡。陳校云：「寫大夫即寡大夫」，燕禮第十四

『幣，帛也。』二字義別。古多用幣為敝，泰山都尉孔宙碑之『雕幣』，皇象本急就章之『帗幣』（顏本作『帗敝』），國語魯語之『幣器』（景明金李校刊本作『敝器』），管子輕重甲篇之『靡幣』，周禮大宰職之『幣餘』，俱為敝敗之敝，作幣為誤加形旁。簡本作敝為聲同通段，今本作幣為後製正字。

今本不重執幣二字。周禮[redacted]小行人職：『合六幣，圭以馬，璋以皮，璧以帛，琮以錦，琥以繡，璜以黼』。此云『執幣者』乃執皮、帛等，下別云『執玉者』，乃執圭、璋等，鄭注所謂『重玉器尤慎也』。然則此文云『凡執幣』乃總目六幣，下分兩段，一為皮、帛等稱執幣者，二為圭、璋等稱執玉者。今本不重執幣，二執之相對意義不顯，而凡字亦無著落，得簡本而義始顯豁。今本誤脫。

38.〔執玉者則〕唯紓武舉前肆踵（第15—16簡）

陳校云：『唯上今本有則字。』案第15簡簡尾爛缺若干字，唯字半泐，無法斷其必無則字。鄭注『今文無者』，亦不知簡本有無者字。

今本紓作舒。舒有作卻者，春秋僖公三年『徐人取舒』，玉篇邑部引鄃字下[redacted]作卻。集韻魚九[redacted]『卻』下云『通作舒』。是舒字予旁有作卩。又漢印舒有作䣄。據此証紓實卻、䣄之

形譌。

今本兓作武。陳校云：「以它簡校之乃戒字也。」但作戒字屬上或屬下均不可通。此字（簡本）雖與燕禮、泰射之戒字同作，仍當為武之形譌，不應遽定為戒。

今本肆作曳。鄭注：「古文曳作枻（嚴本作抴）。」檀弓上釋文：「枻，亦作曳。」簡本燕禮「奏肆夏」，泰射作「奏世夏」，肆、世聲同通用而此當作世。枻或抴之作世，猶踞之作居，幣之作敝也。簡本實用古文。

39. 詫者，在國（邦）則曰市井之臣，在野則曰草茅之臣（第16简）

今本詫作宅。鄭注：「今宅為託。」阮元校勘記云：「毛本作『今文宅或為託』，徐本無文或二字，集釋有文字無或字，通解無文字有或字。」案當從毛本，宅、託俱是今文。說文人部：「侂，寄也。从人，庑聲。庑，古文宅。」宀部：「宅，所託也。从宀，乇聲。厇，古文宅。庑，亦古文宅。」古文當作庑而鄭注未錄，蓋其所據非古文原本也。簡本詫為託之涉宅字而誤加宀旁，實用今文或本。

鄭注：「古文茅作苗。」簡本與今本同用今文。

40. 服傳（第2簡簡背）第八（第1簡簡背）

漢簡喪服有三本：單傳二本，皆木簡，一本大字，陳校[redacted]定為甲本；又一本小字，陳校[redacted]定為乙本。單經一本，亦大字，係竹簡，陳校[redacted]定為丙本。陳校以甲本為主，今從之，合校附見乙本[redacted]、丙本。

釋文叙錄云：「喪服一篇，又別行於世。」又云：「鄭玄注儀禮十七卷。馬融、王肅、孔倫、陳銓、裴松之、雷次宗、蔡超、田儁之、劉道拔、周續之，自注：「自馬融以下，並注喪服。」隋書經籍志云：「喪服經傳一卷，馬融注。」禮家據此，知十七篇中喪服有別行之本。專注喪服自馬融始，遂以為別行亦始于馬融。馬注喪服有經有傳，稱喪服經傳。今西漢竹木簡甲、乙、丙三本之出土，可據以証明：一、非因馬融等專注喪服而遂使喪服單行，無注之本早在西漢別行于世；二、別行不僅有單傳之本，且有單經之本，由此可推[redacted]斷服傳撰作時不附于經，經傳合編出于別一人之手。又單傳既錄經文不全，自不應與其他十六篇經記全文合編，由此可推斷漢初十七篇中喪服當為單經而非單傳；三、漢簡單傳題名服傳，可見白虎通所引禮服傳即據此本，又可由此推斷經傳合編必在東漢之末，拙撰漢簡服傳考以為出馬融手也。甲、乙本服傳所錄經記之文不及[redacted]二之一，實[redacted]出傳文[redacted]引述，

[redacted]漢簡服傳[redacted]考論訖其事，並駁正陳夢家氏服傳為刪經本之說，俱詳彼文，此不備載。

今本作第十一。篇次不同，說見1.條。

丙本第一、二簡簡背不標篇名與篇次，除作[redacted]單經別行之證外，亦擬以反證，凡他篇簡背題名及編[redacted]次，不過為持有之經師作卷外標誌及檢索之用耳，非有他義焉。禮漢簡七篇為說詳古文或本考。參見1.條。

41. 斬衰常（第一簡）

丙本斬上有喪服二字，與今本同。經文有此二字，即所謂既是正文，又屬題名也。甲、乙本無此二字，實為單禮漢簡異文釋 艾 傳之鐵證。參見1.條。

乙本同，今本常作裳。說文巾部：「常，下[redacted]帬也。从巾尚聲。裳，常或从衣。」經傳俱用或體，簡本猶保存古正字。

42. 斬者，不緝也，苴絰（者），麻之有蕡（者也），苴絰大鬲，左本在下（第一簡）

乙本同（丙本單經無傳）。今本斬者下有何字。傳多設問荅之詞。解說服制與親等，均用「何」「何也」「何以」「何謂」等問辭；其對某一服飾之用材與製法，喪具之取象與形狀，如苴絰、絞帶等，則不用問辭。傳解斬、齊、總、緦等字，

[redacted]屬（當）[redacted]後者，簡本俱無何字，前後一貫；今本則于斬、齊、繐字下有何字，緦字下無何字，殊乏條例。又太平御覽禮儀部二十六引此傳亦無何字。足證簡本單傳以近原本為善，而今本出合編者之手或有所增刪也。

乙本同。今本縚作緝。楚辭九懷『襲英衣兮緹縚』，洪興祖補注：『縚，緶衣也。』說文糸部：『緶，交枲也。[redacted]一曰緁衣也。从糸便聲。』『緁，緶衣也。从糸疌聲。縚，緁或从習。』廣雅釋詁：『緶，縚，緁也。』玉篇糸部：『緶，交枲縫衣也。亦作緝。』集韵緝（二十六）[redacted]：『緁，縚，緶衣也。或作縚。』緁、緶互訓相通，縚為緁之或體，緝為緶之或體，均是交枲縫衣也。枲，

麻也。縫麻衣以兩邊側交裹，使[redacted]（斷）處不外露，以見整飭。不緝不緝，乃縫麻衣兩邊側不交裹，[redacted]（斷）處外露，以示無飾。此文斬之不緝，下文齊之緝，簡本俱用俗寫或體。

乙本同。今本賁作蕡。簡本有司第9簡『禮（體）賁』，今本亦作蕡。鄭注：『蕡，熬枲麻實也。』蕡為麻實。說文艸部：『蕡，雜香艸也。从艸賁聲。』義不同者，據爾雅釋草：『黂，枲實。』蕡實黂之段借字。艸部又云：『萉，枲實也。从艸肥聲。黂，萉或从麻賁。』然則其正字作萉，黂為或體。貝部：『賁，飾也。』別字別義。漢書地理志上『裏賁』顏引應劭注，又英布傳『醫家與中大夫賁赫對門』顏注，並云：『賁

音肥』。蓋肥與賁以古音微部與文部相轉而段耳。賁、蕢聲同通段，作蕢作虋俱賁之加形旁後製正字。

乙本同。今本鬲作搞。士喪禮陳小斂經帶節『苴經大鬲』，釋文：『又作搞，同』。今本亦有作鬲者。鬲、搞聲同通段。鄭注喪服云：『盈手曰搞，搞，扼也，中人之扼圍九寸』。注士喪禮云：『鬲，搤也，中人之手搤圍九寸』。以扼訓搞，以搤訓鬲。史記孝武本紀集解引服虔云：『滿手曰搤』。搤、搞二字通段。案說文手部：『搞，把也。从手鬲聲。抭，或从戹聲』。搞之或體作抭。文選[redacted]兩都賦李善注：『搤與扼古字通』，而後漢書班彪傳上李賢注：『搤與抭通』，是抭即扼字。集韻麥二十一：[redacted]『搞，抭，扼，或作抭、扼』。故搞、抭、搤古通用。

乙本、今本末作本。本為麻之根，末為麻之梢。張爾岐儀禮句讀云：『首經之制，以麻根置左，當耳上，從額前遶項後復至左耳上，以麻之末加麻根之上，綴束之也』。齊衰三年章『牡麻右本在上』，張爾岐又云：『牡麻為經，其本在冠右而居末上』。惟麻根麻梢聯結之處，始有左本右本、本上本下之分別，而此一分別正顯示斬衰齊衰二服之首經不同。齊衰之首經，麻本在上，亦即末在下，則[redacted]斷無斬衰之首經亦末在下之理。簡乙本既作本與今本同，則甲本作末之為误寫，自屬無疑。

43. 資衰之經，斬衰之帶也，去五分一以為帶，大功之經，資衰之經（帶）也，去五分一以為帶（第一一2簡）

乙本同。今本二資字俱作齊。簡甲、乙本齊衰字俱作資。丙本經「疏衰常（裳）齊」，記「齊衰四升」，俱作齊與今本同，「若齊常（裳）內衰（外）」作齋。齊當作齎，以聲同通段，齎乃加形旁後製正字。齎亦段資為之，荀子禮論篇：「卑絻黼黻文織，資麤衰經繐（菲）菅屨，是吉凶憂愉之情發於衣服者也。」楊倞注：「資與齎同，即齊衰也。麤，麤布也。今麤布亦[redacted]（謂之）資。」說文衣部：「齎，緶也。从衣齊聲。」廣雅釋詁：「緶，緝，䋁，縴也。」緶、緝、縴之義俱為縫，謂交裹縫衣。五服一斬四齊，區別于斬，縫衣以兩邊側交裹使斷處不外露為齊，故下傳云「資（齊）者緝也。」參見42.條。陳校引沙浮撇注「今文資作齎」，[redacted]彼別義，不當引以為[redacted]從今抑從古之證。

[redacted]

44. 緝麻之經（第2簡）

乙本同。今本緝作總。甲、乙本總俱作緝。州輔碑「涅而不緇」，則漢隸緇為緝字。陳校云：「宅[redacted]（篇）亦用為緝字。」[redacted]

[redacted]案緦為麻縷甚細而成布甚疏之麻布，而緇訓『帛黑色』[redacted]。丙本『緦麻三月者』作緦與今本同，以丙本決之，可[redacted]斷甲、乙本實係形近誤寫。

45. 苴杖竹也，削杖桐也，長各齋其心，皆下本（第2—3簡）

乙本同。今本長作杖。通典卷八十七：『削桐木為杖，長與心齊，下本』。此言杖之長度依人之長度而定，文承杖之用材下，非更端[redacted]重起，當作長。此簡本之善者。今本誤。

乙本同。今本齋作齊。經傳齋戒字多以齊為之。此齋等之義，群書無作齋者，簡本當係抄誤。參見152.條。

46. 儋主也（第3簡）

乙本同。今本儋作擔。說文人部：『儋，何也』。『何，儋也』。漢書揚雄傳『儋人之爵』，顏注：『儋，荷負也』。段玉裁云：『儋俗作擔』。集韻二十三談[redacted]：『儋，擔，說文何也。或从手』。羊竇[redacted]道碑『騎馬儋負』，隸釋云：『儋即擔字』。簡本多保存古正字，如衆之作[redacted]常、[redacted]抱之作[redacted]枹也。

47. 絻縷絛（條）屬，冠〔六升，外〕縪，段而勿灰（第3—4簡）

乙本同。今本繩上有冠字，屬下有右縫二字。此傳釋經章首斬服之『冠繩纓』句。冠由梁與武組成，梁即冠之頂梁，武即冠之邊卷（即帽沿），武下又有纓（帽下帶）。吉冠武與纓用材不同，故不相連屬，纓繫屬于武；喪冠用一條繩為武，繩之末垂下作纓，即所謂『條屬』。冠梁用麻布（吉冠用帛）製成，必有摺疊，謂之辟積。摺疊有向左向右之異，梁三辟積，重服摺疊向右而縫，謂之右縫；小功以下摺疊向左而縫，謂之左縫。準此而論，條屬乃釋繩纓之武纓連屬，右縫乃釋[redacted]斬服冠梁異于小功服以下之左縫。既夕記云：『冠六升，外縪。纓條屬，厭。』于冠梁辟積無釋，故纓上無冠字，屬下無右縫二字。以彼決此，然後知今本與簡本之異，不過于冠梁辟積一有釋一無釋而已。簡本非脫，今本亦非衍，應屬今古文之不同，特不知孰為今孰為古耳。

乙本同。今本縪作畢。玉篇糸部（卷子本殘卷）[redacted]：『縪，埤蒼冠縫也。』既夕記鄭注：『縪謂縫著於武也。』梁之兩端縫合于武[redacted]，縫合處必有餘布，吉冠餘布向內而不外露，以示整飭，謂之內縪；喪冠餘布向外，以示無飾，謂之外縪。既夕記[redacted]『外縪』，今本亦有作縪者。通典亦作縪。是縪為畢之加形旁後製正字，今本畢縪錯雜並用。

乙本同。今本段作鍛。說文殳部：『段，椎物也。』金

部：「鍛，小治也。」二字義別。麻布用人功椎治，使其成熟，又加灰洗濯，使其潔白。段而勿灰者，蓋喪冠無飾，祇椎治使其成熟而不必加灰洗濯。麻布椎治使成熟，與椎物之義正合，則字當作段。經傳段、鍛多通用，考工記：「函人為甲，凡甲鍛不摯則不堅」，為椎治之義而段鍛為段；釋文：「段，本又作鍛」，為冶鍊之義而段段為鍛。據此曲禮下「金工」鄭注：「築、冶、梟、栗、段、桃也」，而知简本作段用正字，今本作鍛用段字。

48. 居倚廬，寢䒸枕塊，哭晝夜無時，吹粥，朝一溢米，夕一溢米，寢不挩絰帶（第4简）

乙本同。今本寢、寑俱作寢。下「寑有席」，今本亦作寢。說文宀部：「寑，卧也。从宀侵聲。𡨦，籀文寑省。」[redacted]寢部：「[redacted]寢，病卧也。从寢省，𡨦省聲。」二字義異，今概作寢。廣雅釋詁：「寑，藏也。」王念孫云：「寑今通寢，寢者，人所寢息，故為藏也。」简本作寑為正字。寖水名，今隸作浸，别字别義，書手誤人旁為水旁耳。

乙本同。今本䒸作苫。「寢苫枕塊」，既夕記、墨子節葬、禮記問喪同。荀子禮論篇作「席薪枕塊」，左傳襄公十七年作「寢苫枕草」，其義無大異而用字不同。說文艸部：「苫，蓋

也。从艸占聲」。[redacted]左傳昭公二十七年[redacted]釋文引李巡云：「編菅茅以蓋屋曰苫。」既夕鄭注：「苫，編藳。」檀弓上、問喪釋文俱云：「苫，草也。」苫以編草為之，本以蓋屋，喪中即用以藉喪主之寢。苫、薪均為草，簡本作蕈，集韻二十二覃[redacted]：「蕈，艸名，生淮南平澤。」是以蕈草為藉。字不同者，殆亦今古文之異也。

乙本同。今本吹作歠。荀子作「啜粥」。[redacted]吹粥義不可通。說文㱃部：「歠，㱃也。从㱃省，叕聲。吷，歠或从口从夬。」汗簡卷一：「吷，歠或篆。」當據說文。此或體注家以為即莊子吷字，玉篇口部訓「小聲」者也。然許書如作吷字則為別義，當云一曰而不作或从，頗疑其文有誤。[redacted]說文㒫部：「[redacted]㒫，㱃食屰气不得息曰[redacted]㒫。从反欠。[illegible]，古文[redacted]㒫」。段注：「觀此則知小徐欠作[illegible]，與此為一正一反，正是古文欠也。蓋今本欠下有小篆而失古文矣。」案段說是也。[redacted]先為反欠，其古文作[illegible]，則欠之古文當作[illegible]，而歠之或體當作吷。二徐本作吷者，蓋或人以其从口从欠與吹噓字不別，遂略變其形耳。說文或體實為古文，簡本正用此字，隸定誤為吹噓之吹耳。

禮漢簡異文釋

噐

乙本同。今本⿰氵皿作溢。長沙馬王堆、銀雀山漢墓出土古佚書溢亦作⿰氵皿。說文水部：「溢，器滿也。从水益聲。」卷子本玉篇殘卷水部：「⿰氵皿，餘質反，說文器滿也，从水从皿。」「溢，聲類

亦洫字也』。溢不出音，實為洫之或體。廣益本玉篇無洫字。野王所引說文為六朝舊本，自較近于原書。二徐誤據聲類，以溢為洫，遂逸洫字；而廣益本玉篇復據二徐刪洫字。集韻質五[redacted]：『溢，洫，說文器滿也，或省』。猶略存舊本面目，不過正或互易耳。溢為洫之或體，故莊子齊物論『以其老洫也』，釋文：『本亦作溢』。此[redacted]非溝洫字，古皿血不別，漢簡俱从血。

[redacted]釋文引王肅等云：『滿手曰溢』。吳紱云：[redacted]『滿手曰溢者，溢與搤同』。（搤訓捉也，義不相當，以搤為本字非也。）然則禮經之『一洫溢米』，[redacted]（據器滿義引伸，滿手之義實無本字。）作溢作洫俱聲同通段。

禮漢簡異文釋

乙本同。今本挩作說。禮經『挩手』字釋文音始銳反者今本皆作挩，『服說』『說屨』[redacted]字釋文音吐活反者今本皆作說，唐石經有作脫。[redacted]簡本則『挩手』『說服』『說屨』字皆作挩，惟燕禮第35簡立司正節『及卿大夫皆說屨』作說，與今本同。又第39簡賓獻主人節『坐挩手』形旁漫滅，無法辨認，陳氏釋文定為梲，不確，不具論。鄭注于『坐挩手』下云『古文挩皆作說』者五，鄉飲釋文云：『坐挩，始銳反，拭也。注悅同』。阮元校勘記云：『今注中無悅字，疑說字本作悅』。今案：釋文『注悅同』句蓋誤，而見

帨字則甚善。阮校以帨當說，則誤中之誤矣。有司主婦受尸酢從獻節『坐挩手』鄭注：『挩手者于帨，帨佩巾。內則曰「婦人亦左佩紛帨」。古文帨作說。』此注『帨作說』惟集釋作挩，各本俱作帨是也。內則『授巾』鄭注『巾以帨手』，少儀鄭注引鄉飲『坐帨手』，可見今文經實作帨不作挩。說文巾部『帥』字段注云：『擩賈氏鄉飲、公食二疏，知經注皆作帨，別無挩字。』胡氏正義云：『淺人疑於帨為佩巾，不得訓拭，盡改經注帨為挩，不知挩巾亦無拭義，以帨拭手謂之帨，猶以巾拭手謂之巾。』以名詞作動詞用，帨手[redacted]者以帨巾拭手也。帨為帥之或體字，說文巾部：『帥，佩巾也。

从巾𠂤聲。帨，帥或从兌聲。』聘禮授幣節『帥衆介夕』鄭注：『古文帥皆作率。』胡承珙疏[redacted]義云：『佩巾之帥，鳥畢之率，借為將帥、率由之字，二字又互相通借。』此段為率領字，其義不同，但證帥（帨）為今文[redacted]則無可疑矣。然則此文必作帨而始可云用今文，而今本作挩者皆帨之誤也。簡本作挩，說文手部：『挩，解挩也。从手兌聲。』段注：『今人多用脫，古則用挩，是古今字之異也。今脫行而挩廢矣。』挩是脫去義之本字，作說作脫俱段借字，簡本挩與鄭注古文作說正合，蓋用古文。鄭注于『說服』『說屨』下云『今文說皆為稅』者五，詩碩人『說于農郊』，釋文：『說本或作稅，毛始銳反，舍也。』毛字作說而讀

[redacted]為稅，」胡承珙以為「古文之段借者」是也。爾雅釋詁：「稅，舍也」。可[redacted]見脫去義古文作說者，今文則作稅也。今本作說，簡本作挩又作說，俱用古文。悅、挩、說、脫、稅，羣書多通用，內則釋文「悅文本作挩」，同，韵會「挩亦作說，通作脫」，詩甘棠「召伯所說」，釋文「說，本或作稅，又作脫」，爾雅郭注引作「召伯所稅」，荀子正論篇「而務說人以勿辱也」，楊倞注「說讀為稅」，文選陸機招隱詩「稅駕從所欲」李善注「脫與稅古字通」，徐養原疏證[redacted]以[redacted]古字通用[redacted]，[redacted]遂未能明辨夫今古。[redacted]據眾本而分別之，挩手字今作帨(帥)古作說，脫去字今作稅古作說(挩)，予以為正由今古文之不同，而又錯雜並用，致使本義段義淆亂莫辨。簡本脫去字作挩本字，為古

文本之善者；[redacted]而挩手字亦用古文作[redacted]挩[redacted]，[redacted]古文固二字不別[redacted]也。古文初出，禮家[redacted]以今文讀[redacted]之而以今隸寫之[redacted]，[redacted]有以今文易古文，遂[redacted]多錯雜[redacted]。簡本此字，猶保存原本面目[redacted]足證其為古文[redacted]之本。參見150條。

49. 既虞贊褊柱麋（第4简）

今本贊褊作翦屏。「翦屏柱楣」句，禮家所引無異文。禮記閒傳「父母之喪，既虞卒哭，柱楣翦屏」，文有變易；又喪大記「父母之喪，居倚廬，不塗，既葬，柱楣，塗廬」，文有不同。[redacted]馬融云：「倚木以為廬，在東牆，西向門

端也。」鄭注此傳云：「楣謂之梁，柱楣，所謂梁闇。」鄭注既夕記云：「倚木為廬，在中門外東方北戶。」馬、鄭均不及翦屏。賈疏云：「乃改舊廬西鄉開戶，翦去戶傍兩廂屏之餘草。柱楣者，前梁謂之楣，楣下兩頭豎柱施梁，乃夾戶傍之屏也。」聶崇義三禮圖云：「案唐大曆年中有楊垂撰喪服圖說廬形制云：凡起廬，先以一木橫于牆下，去牆五尺，臥於地為楣，即立五椽於上，斜倚東墉上，以草苫蓋之，其南北面亦以草屏之，向北開門。」此皆唐人之說而義猶未顯。程瑤田儀禮喪服足徵記云：「倚廬者，廬倚東壁，但一片陂陀垂之，西至於地楣也。即梁也，非

如後世以持極之橫木曰梁也。楣不納明，北戶而已。屏謂楣，但結草屏蔽之，初不翦，既虞乃翦其屏，於是柱其梁之垂於地而西啟戶焉。」說雖明晰，然依文解義，究不足証其當時實制必如是也。今得簡本，文作賛楄，則翦屏之說殊不足據。說文木部：「楄，楄部，[redacted]方木也。从木扁聲。」文選景福殿賦：「爰有禁楄，勒分翼張，承以陽馬，按以員方。」李善注：「楄附，陽馬之短桷也。陽馬，四阿長桁也。禁楄列布，衆材相接，或員方也。」梁上施陽馬（即桁），陽馬上加方木（即楄附），以便于架椽。初喪之倚廬，橫置楣梁于地，無柱，其椽一頭倚東壁，一頭架于地楣。

既虞哀殺，倚廬改建，楣下豎柱，楣上加楄附方木以承椽。漢書東方朔傳顏注：『贊，進也。』是謂進楄而柱楣。漢書嚴助傳：『劗髮文身之民也』，顏注引晉灼曰：『淮南云越人劗髮，張揖以為古翦字也。』劗翦、楄屏並為一聲之轉。[redacted]贊楄[redacted]之作翦屏，蓋聲之訛也，禮家遂曲說以為柱楣而翦其草苫屏蔽。

乙本同。今本楣作麋。麋與眉聲同通段。荀子非相篇『伊尹之狀面無須麋』，楊倞注：『麋与眉同。』漢書王莽傳下『赤麋聞之』，北海相景君銘『不永麋壽』，俱段麋為眉。眉、楣聲同通段，說文木部：『楣，眉[redacted]棟也。』

禮漢簡異文釋　　巽

段注：『許之眉棟即禮經之楣也。』許所見今文禮經或即作眉。楣是加形旁後製正字。士冠禮加冠祝詞『眉壽萬年』鄭注：『古文眉作麋』，簡本用古文。

50.〔始食〕采果，反素食（甲本第5简爛缺，此據乙本第3简）

今本采作菜。陳氏釋文逕作菜，以為采上之字爛缺，艸頭亦漫滅。案周禮大胥職：『春入學，舍采合舞。』鄭注：『舍即釋也。采讀為菜。始入學，必釋菜禮先師也。菜，蘋蘩之屬。』禮記月令『命樂正習舞』，釋菜文王世子『然後釋菜』，是鄭注所本。所釋之菜即小爾雅廣物『菜謂之蔬』

之菜。簡乙本采與周禮同作，皆菜之聲同通段。

今本反作飯。鄭注：「素猶故也，謂復平生時食也。」可見鄭本不作飯。敖繼公即據此而謂「傳之飯似當作反」。盧文弨儀禮注疏詳校云：「白虎通正作反，俗本譌作及。」本無疑義，■而諸家猶多未信，如胡氏正義云：「鄭注或本白虎通之義，但此傳自作飯，與論語飯疏食文法一例。」今得簡乙本正作反，則今本作飯為後人所臆改無疑。

51. 正體乎上（甲本第5简爛鉠，此據乙本第3简）

今本體作體。簡本各■篇體字或从月或从身，無从骨

禮漢簡異文釋　乎

者。漢碑多作軆。玉篇身部：「軆，俗體字。」字書無體字。長沙馬王堆漢墓出土古佚書作體，與簡本同，是漢隸有作體。

52. 何如而可為後，同宗則為之後，何如而可以為人後，支子可〔也〕（第6简）

乙本同。今本可為下有之字。案「為之後」之之，即「為人後」之人，實指大宗無後之人。傳釋經設二问，首明為後限于同宗，次明同宗■限于支子，前義為主，故问辭概説，自以無之字為長；荅辭實指，故稱「為之後」，问

荅應有異，當從簡本。今本蓋涉下句誤衍。

乙本同。今本則下有可字。可有限定之意，下荅辭云「支子可(也)」有可字，則此句亦當有之。簡本誤脫。

53. 為所為祖母=妻=之父=母=昆=弟=之子若子(第6—7簡)

乙本作為所為後祖☒☒(爛缺)妻=之父母昆=弟=之子若子。今本作為所為後者之祖父母妻妻之父母昆弟昆弟之子若子。此節甲乙二本有明顯不同，為全篇所罕見，而乙本為善。乙本之「所為後」與今本之「所後者」同義，下記文「於所為後之兄弟」，今本與簡丙本同，則今本亦有作「所為後」者。大宗無後[redacted]，小宗支子入繼曰「為人後者」或「為後者」，其所繼之父曰「所後者」或「所為後」，此後字至為重要，以簡乙、丙本校甲本，可[redacted]斷甲本誤脫後字無疑。

此「所為後」[redacted]與下記文「所為後之」[redacted]句例正同，則此連接词不可省，以丙本校甲、乙本，[redacted]斷其誤脫之字。

全篇均祖父母連稱，豈有為所後者之祖母服而不為所後者之祖父服者？甲本誤脫父字。乙本爛缺，不具論。

所為後之祖父母、妻即為人後者之曾祖父母與[redacted]母。今本實少所為後之父母一等。簡甲本祖母下有重文號，其原

本當作「祖父=母=」，抄寫誤脫「父=」，其保存母下重文號，猶是西漢本之最善者。乙本祖下爛缺如係兩格，則當作「[redacted]父=母=」。據甲本校今本，則今本誤脫父母二字無疑。

所為後之妻之父母即為人後者之外祖父母。乙本「妻之父母」無重文號，與今本同，可決甲本父母下誤衍重文號，蓋「妻之父母父母」實不可通。

據以上所論，三本均有衍脫，互勘而得原本真面。此蓋歷代禮家所不及知者。

54. 眾臣杖不以即位，近臣君服斯服矣（第7簡）

乙本同。今本此十四字在[redacted]公士大夫之眾臣傳君謂有地者也下。案此係甲、乙本抄寫誤移于此，當從今本，說見56.條。

[redacted]

55. 布總晉枅縗衰三年（第7簡）

乙本同。丙本晉作晉。今本晉作箭。下「晉枅長尺」又作簪。簡本泰射第5簡「綴諸簪」作簪。漢隸从艸从竹通作，俱[redacted]屬晉之加形旁後製正字。大射鄭注：「古文箭作

晉。』周禮職方氏職『其利金錫竹箭』，鄭注：『故書箭為晉，杜子春云：晉當為箭。書亦或為箭。』是禮經古文與周禮故書同作晉。說文日部『晉』字段注：『禮古文、周禮故書皆叚晉為箭。』然則今文作箭為正字，古文作晉為叚借字。簡丙本用古文，甲、乙本作晉為晉之形譌，亦用古文。

乙本同。丙本、今本枅作笄。說文木部：『枅，屋櫨也。』[redacted]一切經音義卷十四引三蒼：『枅上方木曰枅。』皆非卷髮或係冠之笄。問喪作雞，鄭注：『雞斯當為笄纚，聲之誤也。』淮南子精神訓高注：『枅讀雞。』二字聲同通用。

乙本、丙本同。今本繼作髽。字書無繼字。說文髟部：『髽，喪結也。禮女子髽衰，弔則不髽，魯臧武仲與齊戰于狐鮐，魯人迎喪者始髽。从髟坐聲。』鄭此經注云：『髽，露紒也。』段玉裁云：『露紒漢人語，謂不用韜髮之纚，露髮為髻也。』平時用繒為繼（即纚）以裹髮成紒，喪禮去飾，去繒繼露髮成紒謂之髽，故鄭釋髽為露紒。（許書紒作髺）髟部又云：『髺，簪結也。从髟介聲。』廣雅釋詁：『髺，髻也。』（蓋有脫文。）曹憲音義云：『案說文即籀文髻字也。』可證說文當有『髺籀文髻』之文。玉篇髟部：『髻，居薺切，髮結也。髺，同上，說文古拜切，簪結也。』[redacted]野王列髺為髻之重文，復分別加簪為髺、不加簪為髻，益

證今本說文為二徐所亂也。太平御覽人事部十四引說文：「鬠，結髮也。」據玉篇當作髮結。今本說文無鬠字有髻字，證以玉篇、曹憲博雅音、御覽[redacted]所引，其原本當作：「鬠，髮結也。从髟吉聲。髻，籀文鬠，簪結也，从[redacted]介聲。」鬠髻一字，用纚韜髮謂之鬠若髻，對喪中去纚露髮則謂之髽也。許書有鬠無結，有籀文髻而無紒，然則有髽而無紒，其例正同，不過結訓締也為本義見于糸部，紒見于他書，而紒字獨被遺落耳。士冠主人與賓就位節「將冠者采衣紒」，孤子當室冠法節「主人紒而迎賓」，鄭注並云：「古文紒作結。」髻由籀文隸定作紒，故紒為今文也。鬠由秦篆隸定亦今文。六國文字作結，即所謂古文也。依此例則此紒字亦髽之古文，鄭所據各本已俱作今文髽，故未得見于其注矣。

56. 繩屢（屨）者繩菲也，眾臣者何也，曰公卿大夫室老士貴臣，其餘皆眾臣也，有地者也（第8簡）

乙本同。今本首六字在文末，無眾臣者何也曰六字。

此傳解經「公士大夫之眾臣為其君布帶繩屨」，眾臣之帶非絞帶，之屨非菅屨，依例先解服飾，此文當在傳首，簡本是。大夫家臣有二，命于諸侯者曰貴臣，大夫自命者曰眾臣。此傳解眾臣，故設此问辭，今本误脫。

乙本同。今本有[redacted]上有君謂二字。大夫有采邑封地[redacted]得自命家臣，無「君謂」二字，文承「皆眾臣也」下，家臣有地，顯屬剌謬，當從今本。

乙本同。今本者也下有眾臣杖不以即位近臣君服斯服也十四字。此十四字甲、乙本在上『為人後者』傳『君子』下。此解眾臣為其君服雖有杖而非喪主，故不以杖就朝夕哭位，又連類而及近臣從嗣君之服，與『為人後者』絕不相涉，顯屬謬误。當係甲、乙本所據抄之本有錯简，遂误移于前。

57.〔疏〕衰常(裳)(甲本第9简缺失，乙本第6简[redacted]與今本同，此據丙本第3简)

今本裳下有齊字。(乙本常下有資字。甲、乙本齊俱作資，乃齊之段借，說見43條。)齊衰之别于斬衰，即在衰裳之緝與不緝。齊，緝也。無齊字則其事不明。丙本齊衰期章章首亦作『疏衰常齊』，[redacted]此文[redacted]误脱[redacted]。

58.牡麻者特麻也，牡麻絰右本在上，冠者古功也，疏屨(屨)者，藨蒯之菲也(甲本第9简缺失，此據乙本第6简)

今本特作枲。间傳『齊衰貌若枲』，鄭注：『枲或為似。』俞樾羣經平議云：『似為枲之假字。』枲、似与特同部，禮记或本枲有作似，服傳作特，均屬同聲段借也。

今本古作沽。古、沽聲同通段。既夕記「弓矢之新沽功」，鄭注：「今文沽作古。」簡本用今文。徐養原疏證云「此無正字，沽、古皆段借字」是也。周禮典婦功職「辨其良苦」，典枲職「受苦功」，即此傳古功。作苦亦段借字也。

今本麤類作[redacted]蔗蒯。二字簡本漫滅，憑圖版無法辨認，此據摹本。字書無麤字，殆即蔗之形譌。説文艸部：「蔗，鹿藿也。从艸麃[redacted]聲。讀若剽。一曰蔽之屬。」爾雅釋草：「蔗，麃。」邢疏云：「蔗一名麃。」實則麃、蔗聲同通段，蔗乃加形旁後製正字。

蒯字篆作蔽。説文艸部云：「蔽，艸也。从艸敝聲。」此即蔗之「一曰蔽之屬」。文選西京賦李善注引聲類云：「蔽草中為索。」簡本作類，蕷之聲同通段。廣雅釋草：「蕷，蔽也。」王念孫疏證云：「蔽為索為屨，與蕷同是一物也。」爾雅釋草：「蕷，鼒蕫。」龍龕手鑑云：「蕷草也。一名鼎蕫。」蕷之作類，與鼒[redacted]之作鼎[redacted]，實同一例。麃、類均為草，可作繩索，亦可作屨。

59. 妾之毋(無)子者，妾之毋(無)母者也(第10简)

今本下句妾下有子字，無也字。乙本有子字與今本同，

有也字與甲本同。此引舊傳解經「慈母如母」。此經所稱慈母，與小功章「君子子為庶母慈己者」不同，彼是嫡子為[redacted]任師保之庶母服小功，此是父有二妾，一妾生子而死，如下文所云「父命妾曰女以為子，命子曰女以為母」，無母之妾子稱無子之妾為慈母。甲本無子字，義不可通，有乙本互勘，可[redacted]（斷）為误脫。又句末有也字，即屬後句解前句，更為不詞，甲、乙本俱误衍也字。

60. 疏衰常（裳）資（齊）牡麻絰冠布纓削杖布帶疏屢（屨）基者（第12簡）

乙本同。丙本布纓以下爛缺。今本基作期。士虞記「朞而小祥」，鄭注：「古文朞皆作基。」簡本用古文。說文禾部：「稘，復其時也。从禾其聲。虞書曰，稘三百有六旬。」是作期作基皆段借字也。士喪筮宅兆節「度茲幽宅兆基，無有後艱」，鄭注：「古文無兆，基作期。」古文期屬下讀，非期年字，二注不相關涉也。胡承珙疏義云：「此假基為朞，士喪禮兆基之基，古文又作期，蓋古文二字互借，鄭各取本義，故皆從今文。古文無兆，豈又段期年字作基址字耶？」古文固多段借，「期無有後艱」則用本字。鄭氏各隨所據本所作而疊古今異字于注，實無或從古或從今而改易經字之事，胡氏實所未喻。

鄭注：「今文無冠布纓」，則簡本與今本同用古文。

61. 〔曰〕資（齊）衰大功冠其綬〔也〕，緒（緦）小功冠其衰〔也〕（第12簡）

乙本同。今本綬作受。簡甲、乙本「受冠」「受服」「無受」字皆作綬。第40簡成人大功章首「受以小功衰」作受，丙本同，乙本爛缺。喪服于虞及小祥後，[redacted]未除者均以輕服易重服，此服之變，謂之受。受承也，承受輕服，斷非組綬字。古授、綬俱段受為之，後加形旁[redacted]為授、綬[redacted]。此字則傳抄誤加形旁耳。[redacted]

乙本同。今本緦下有麻字。緦麻章首「緦麻三月者」，鄭注：「緦麻，布衰裳而麻絰帶也。」胡氏正義云：「以緦布為衰裳，以麻為絰帶，故服名緦麻也。」鄭注又云：「不言衰絰，略輕服，省文。」敖繼公云：「齊衰三月不言繩屨，大功不言冠布纓，小功不言布帶，緦麻不言衰絰，服彌輕則文彌略也。」[redacted]鄭氏謂此等為省文是也，而敖氏云服輕彌略則可商。蓋此經緦麻已是省稱，而傳文「何以緦也」「何以服緦也」更省麻字，則彌略之說為無據矣。此傳「緦小功冠其衰」，簡本無麻字正相一致。經作「緦麻」，傳並省作「緦」，今本為後人臆加麻字。

62. 何以基（期）也，詘也，至尊在，不敢信其私尊也（第12—13簡）

乙本同。今本詘作屈。詘為屈之段借字。荀子勸學篇「詘五指以頓之」楊倞注：「詘與屈同。」莊子知北遊釋文云：「屈，司馬、向、崔本作詘。」禮記喪服小記「下殤小功帶澡麻不絕本，詘而反以報之」，鄭注：「帶不絕其本，屈而上至要，中合而糾之。」以屈解詘，而殤小功章注引小記逕作屈。凡此等皆段詘為屈之證。

今本信作伸，乙本作降。漢書蕭何傳顏注：「信讀曰伸，古通用字。」士相見侍坐于君子之法節「君子欠伸」鄭注：「古文伸作信。」[redacted]簡甲本用古文。此父在為母[redacted]服齊衰期本屬降服，故曰「不敢伸其私尊」。簡乙本作降，義不可通，顯係寫誤。

63. 絕族無易服，親者屬，出妻之子為父後則為出無服（第13—14簡）

乙本同。今本易為施。禮記大傳「絕族無移服，親者屬也。」釋文云：「移，本或作施，同。」此所引舊傳即大傳之文。論语微子「君子不施其親」，集解引孔云：「施，

易也。不以他人親易己親也』。史記田叔傳『如有移德於我者何也，』集解引徐廣云：『移猶施也』。呂覽蕩兵『而工者不能移』，高注：『移，易』。廣雅釋詁『移，施，敭也』。王念孫云：『易與敭通，施讀當如施于中谷之施，周南葛覃傳云施移也』。是施、移、易三字聲近義同相通段。

乙本同。今本後下有者字。不杖期章『女子適人者為其父母、昆弟之為父後者』又傳『為昆弟之為父後者何以〔亦〕基〔期〕也』，甲、乙本並經丙本均有者字。者代词，指[redacted]昆弟中承父後之人。以彼决此，當有者字，簡本误脱。参見53.條。

今本出為下有母字。乙[redacted]本則為下爛缺。此節辨出妻之子為母之服。對夫言為出妻，對子言為出母。夫為出妻無服，子為出母則為父後者亦無服，不為父後者服期。出下無母字義不可通，简本误脱。

64. 父卒繼母嫁，從，為之服，報，何以也，貴終也（第14简）

乙本同。今本以下有期字。齊衰期章傳文问辭『何以基也』句，简本除爛鈌外存十九句，惟此句無基字。案此傳所问，不僅從繼母嫁之子何以為母服期，亦问母為子何

以有報服，與其他问辭微有不同，無期字為長。简本甚善，今本必為淺人所臆加。

65. **祖父母何以基(期)也，尊也**(第15简)

乙本同。今本尊上有至字。乙本第20简齊衰三月章為曾祖父母『不敢以兄弟之服服尊者也』，甲本第24简爛缺，不知其文所作，今本尊者作至尊。至尊對私尊、旁尊而言。『天子至尊』『君至尊』，以至尊服義服斬衰三年；『父至尊』『夫至尊』，以至尊服正服斬衰三年。简本均與今本同。齊衰杖期章『父在為母』傳云『至尊在，不敢伸其私尊也』，父在不得為母三年，父卒方得為母服齊衰三年，以伸其私尊。齊衰三月章『世父母叔父母』傳云『然則為昆弟之子何以亦期也，旁尊也』，世叔父與父為昆弟一體，故稱旁尊。稱私尊旁尊，简本與今本亦同。惟祖父母、曾祖父母，简本或稱『尊也』或稱『尊者』，與今本[redacted]亦稱『至尊』者異。下傳又云：『世父叔父何以亦期也，與尊者一體也。』此尊者指父，今本與简本同，可見父至尊亦有稱尊者，然則曾祖父母稱尊者，與彼無異，而此文尊也[redacted]或脱者字耳。以親之遠近等差五等之服，為父服正服斬衰三年，為祖服正服齊衰杖期，减一等，

然則為曾祖當服正服大功，為高祖當服正服小功，然而喪服為曾祖父母在齊衰三月，為高祖父母不見于經，禮家以為同于曾祖父母，仍在齊衰之中者，蓋如傳所云「不敢以兄弟之服服尊者也」。（兄弟之服均在大功小功章，故稱功服為兄弟之服。）故鄭氏釋之曰：「重其衰麻，尊尊也；減其日月，恩殺也。」宗法仍以尊尊為重，制服之精微，意在於斯矣。

66. 世父叔父何以基（期）也，與尊者一體（體）也，然則為昆弟之子何以亦基（期）也，旁尊也，不足以加尊焉，故報之也（第15簡）

乙本同。今本昆弟上無為字。此經昆弟之子為世叔父母正服不杖期，下經「昆弟之子」，乃世叔父母為昆弟之子亦正服不杖期，傳發報服之義，遂于此總釋之，則有為字義長。

67. 夫妻辨合也（第16簡）

乙本同。今本辨作胖。（鄭氏無注。）少牢第9簡羹定實鼎饋器節「司馬升羊右辨」，今本辨作胖。鄭注：「古文胖皆作辯。」既夕略言葬後儀節及喪祭之目節「明日以其班祔」，鄭注：「班，次也。今文班作胖」。士虞記「明日以其班祔」，鄭

注：『古文班或為辨，辨氏姓或然。今文為胖』。周禮媒氏職鄭注引喪服傳作判，一切經音義卷二引喪傳服亦作判，皆不作胖。宋本釋文作『胖合』（今各本俱作牉），可證今本作牉誤也。一切經音義卷二：『判合，古文胖又作牉，同普旦反』。古文者，引衛宏古文，即隋志所稱[redacted]古文官書，其云又作牉乃古文或字也。集韵二十七刪『班或作辬』，[redacted]漢書王莽傳上顏注：『辨讀曰班』，班辨古讀同。辨與辬通，戰國策齊策『靖郭君善齊貌辨』漢書古今人表作昆辯，喪服四制釋文『辨本又作辯』是也。國語周語『而班先王之大物以賞私德』，韋解：『班，分也』。說文玨部：『班，分瑞玉』。又刀部：『辨，判也』『判，分也』。又片部無牉字，楚辭九章洪興祖補注引字林：『牉，半也』。廣雅釋詁：『胖，半也』。[redacted]然則班、辨（辬）、牉、判、胖義並同，其本義為分也，訓次也、列也為引伸之義也。周禮司士職『掌羣臣之版』，鄭注：『故書版為班，鄭司農云：班，書或為版』。又腊人職『共豆脯薦脯膴胖凡腊物』，鄭注：『鄭大夫云：胖讀為判，杜子春讀判為版』。又朝士職『有判書以治則聽』，鄭注：『故書判為辨』。周禮本古文，其稱故書者，對寫以今隸之本言為古文舊本。故書作班作辨，鄭衆據故書或本作版，均為古文。鄭興讀胖為判，胖、判均為寫以今隸時滲

入之漢世通用今文字之。杜子春讀胖為版，改又今文以從古文也。綜上所述，班、辨（辯）、胖、版為古文，胖、判為今文，其音古俱在元寒桓刪先部，諸文義雖有殊，以音同相通段也。士虞、既夕今本作班用古文正字，今文作胖乃段借字。喪服傳（今本作[redacted]判或作胖）少牢今本作胖俱用今文正字，簡本俱作辨用古文段字。

68. 適孫何以基（期）也，不降〔其適也〕（第18簡）

乙本同。今本不下有敢字。傳凡言「不敢降」者，俱屬當降不降，蓋或承宗祧之重，或壓於至尊，故云不敢降也。此等[redacted]簡本亦多有敢字，如母為長子傳云「母亦不敢降也」，大夫之適子為妻傳云「子亦不敢降也」，女子子為祖父母傳云「不敢降其祖也」，[redacted]大夫為宗子傳云「大夫不敢降其宗也」，曾祖父母為士者如眾人傳云「大夫不敢降其祖也」，女子子嫁者未嫁者為曾祖父母傳云「不敢降其祖也」。惟此文與第29簡大夫為祖父母適孫為士者傳云「〔大夫〕不降其祖〔與〕適也」無敢字，前後參照，當屬誤脫。

69. 為人後者孰後也，後大宗也，曷為後大宗也，尊之統也（第19簡）

乙本同。今本尊上有大宗者三字。答辭「尊之統也」實是總括後大宗之義，下文乃分述尊統與收族二義，文相承接，毋庸重起，簡本是，今本蓋涉下二「大宗者」句而误行。

70. 野人曰父母何選焉，都邑之士則知尊重矣（第20簡）

乙本爛缺。今本選作算。一切經音義卷四引三蒼「算，選也。」集韻（卷二十四）[redacted]「選，或作算、篹。」論語子路「斗筲之人何足算也」，阮元校勘記云：「漢書公孫賀傳贊及鹽鐵論

大論並引作選，乃算之段借字。」

乙本同。今本重作種。堯廟碑「肤紀祖種所出」，隸釋云：「種即穜字。」漢碑穜作種，種、重聲同通段，作種為重之加形旁後製正字。

71. 無專用道之行（第22簡）

乙本同。今本道之作之道，無行字。胡氏正義云：「婦人之義在從人，無自專自用之道。」[redacted]本師曹元弼先生禮經校釋云：「易家人「六二曰無攸遂」，注「言婦人無敢自遂也」，即下傳無專用之義。」無專用道之行，義不可通。

乙本同。今本尊上有大宗者三字。各本「尊之統也」實是總括後大宗之義，下文乃分述尊統與收族二義，文相承接，毋庸重複，簡本是，今本蓋涉下二「大宗者」而誤衍。

70. 野人曰父母何選焉，都邑之士則知尊禰矣（第20簡）

乙本殘。今本選作算。《一切經音義》卷四引《三蒼》：「算，選也。」《集韻·線》■：「選，或作算。」《論語·子路》「斗筲之人，何足算也」，阮元《校勘記》云：「《漢書·公孫劉田傳贊》及《鹽鐵論·大論》並引作選，乃算之假借字。」

乙本同。今本璽作禰。《表□碑》「與說祖禰所出」，《隸釋》云：「禰即禰字。」漢碑禰作禰，禰、璽聲同通段，作禰為璽之加形旁後起正字。

71. 無專用道之行（第22簡）

乙本同。今本道之作之道，無行字。胡氏《正義》云：「婦人之義在從人，無自專自用之道。」■本師曹元弼先生《禮經校釋》云：「《易·家人》六二曰：無攸遂，注：言婦人無敢自遂也」，即下傳無專用之義。」無專用道之行，義不可通。

道，行也。似經師以行旁注道字，[redacted]書手誤入正文而又倒之。

72. 為昆弟之為父後者何以(亦)基(期)也，婦人雖在外，必歸宗曰小宗，故服基(期)也，(故)父者子之天也，夫者妻之天也，婦人不貳斬者，猶曰不貳天也，婦人不能貳尊也(第22—23簡)

乙本同。今本為昆弟至服期也二十七字在貳尊也下。

此傳解女子子適人者服不杖期者二，一為父母，乃正服；一為昆弟之為父後者，乃不降正服。女子子在室為父斬衰三年，為母及已嫁為父則服不杖期。所以然者，婦人無貳尊，故無貳斬。所稱『父者子之天，夫者妻之天』云云，正是闡明其義，當與上文『夫死從子』相接，不當以『為昆弟之為父後者』云云插入為父母傳中。簡本顯屬有誤。陳校云：『簡首十餘字，削後改寫，故現擁擠。』當係甲、乙本所據抄之本有脫簡，遂致前後文誤倒。

乙本同。必下有有字。凡婦人歸宗，一為被出，一為夫家絕族，故婦人雖嫁，仍必有所歸之宗。吳紱云：『歸宗雖或然之事，而必有可歸之宗。』簡本作『必歸宗』，實屬不詞，顯係誤脫有字。

之人。與公謂所稱「所後者」為父後者「同義，當有昔字。」
乙本祖後下有昔字，與今本同。昔[redacted]為祖後
72. 父卒繼后(後)為祖後服斬(第26簡)
校。簡此文「傳[redacted]從文為主下服昔字。
甲、乙本[redacted]下俱有昔字，與今本同。三條義限相同，故此互
為本同，今本主下有昔字。傳「無主者命婦之無祭主者也」，乙、
故父母子昆弟之子姑姊妹女子子無主為大夫命婦者，乙、
宗為後之入。無昔字義不完整。下[illegible]大夫之子為世父母
之服不杖期，當除而不除也。昔[redacted]指所嫁夫[redacted]小
禮儀喪服異文釋　　六考
此「無主者」，即已嫁之女未為小宗無後而無祭主者，即為
乙本同。[redacted]今本也上有昔字。此傳以「無祭主者」釋
也(第25簡)
74. 姑姊妹女子=適人無=主=者=，(謂其)無祭主
者，其義固無異也。
服字，今本多作簡本多不省。[redacted][illegible]
(又下第32簡[illegible])
「何以期也」「何以大功也」「何以小功也」「何以緦也」下，今本有
乙本同。今本三則下俱有服字。簡本省服字。猶之簡
(第24簡)
73. 同居則資(齊)衰期(朞)，異居則資(齊)衰三月(也)(第[illegible])

通典[redacted]卷八十四引戴德喪服變除「孫為祖父後者」云云，蓋擐服傳衍述，亦有者字。甲本誤脫。

76. 與婦之事咎姑等(第26簡)

乙本同。今本咎作舅。丙本本章「婦為舅」條爛缺，緦麻章「舅」「舅之子」俱作咎。士昏禮婦見舅婦節「贄見于(婦)舅姑」鄭注：「古文舅皆作咎」。[redacted]簡甲、乙本均用古文。荀子臣道篇「晉之咎犯」，楊倞注：「咎與舅同。」胡承珙疏義云：「舅正字，咎借字。」丙本作咎為加形旁字，乃古文之別構。

77. 何以言唯子不報也，女子=適人者為(其)父母基(期)，故不言報(也)，言其餘皆報也(第28—29簡)

乙本同。今本不言作言不。此[redacted]大夫之子為世父、叔父、子、昆、弟、昆弟之子為大夫者(所謂六大夫)，為世母、叔母、姑、姊、妹、女子子之為命婦而無主者(所謂六命婦)服期服。大夫之子得行大夫禮，為此等親之為士者，以尊降服大功，為大夫命婦者則與己同尊，當降不降，故仍服期服。反之，六大夫六命婦(除去子與女子子實為五大夫五命婦)為此大夫之子服，亦以與己同尊，當降不降

也。凡兩相為服謂之報，子為父斬衰，女子子已嫁者為父本是期服，俱不屬報服，故經云「唯子不報」也。子為父斬衰，服不同，其非報服，夫人而知之；女子子本是期服，等差適同，故傳明之曰「女子子適人為其父母期」也。傳問辭「何以唯子不報」，荅辭自當云「故言不報」。簡本誤倒。

阻 大夫為祖父母適孫為士者何以基（期）也，不〔敢〕降其祖〔與〕適也（第29簡）

乙本不上有大夫二字，與今本同。大夫尊，於旁親當降，於一本之親則不敢降。齊衰三月章「曾祖父母為士者如衆人何以「齊衰三月也」，大夫不敢降其祖也」，簡甲、乙本與今本同。此亦當有大夫二字，甲本誤脫。

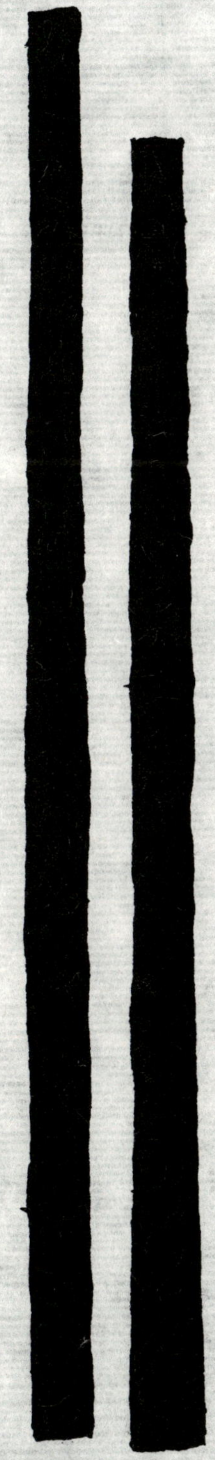

79. 寄公為所禺（第31简）

乙本、丙本同。今本禺作寓。下『何以為所禺服資（齊）衰三月也』同。禺、寓聲同通段。史記封禪書『木禺龍欒車一駟』，漢書郊祀志作寓，而孝武本紀『而以木禺馬代駒馬』又作禺。史記索隱云：『禺一音寓，寄也，寄龍形於木。』段玉裁說文宀部『寓』字注云：『史記曰木禺龍，禺者寓之假借[redacted]也。』然則简本亦段禺為寓。

80. 丈人婦人為宗＝子＝之毋妻（第31简）

今本丈人作丈夫。乙本、丙本俱作丈夫，與今本同。

丈人義不可通，甲本誤寫。

81. 為舊君者孰胃也（第32简）

乙本同。今本胃作謂。吉日壬午劍『胃之少虡』（見滴周金文錄遺）謂作胃，長沙馬王堆漢墓出土古佚書、臨沂銀雀山漢墓出土古兵書，凡謂字皆作胃。俱屬聲同通段。說見2.條。

82. 士馬而已者［也］（第32简）

乙本同。今本士作仕。士、仕亦聲同通段。馬王堆漢墓出土古佚書仕作士。靈臺碑『魚沛衞仕』，隸釋云：『疑仕當讀為士』。馬江碑『仕喪儀宗』，[redacted]隸釋云：『讀仕為士』。漢碑段

仕為士。左傳宣公二年「宦三年矣」，史記晉世家集解引服虔注：「宦，宦學士。」曲禮上「宦學事師」[redacted]孔疏引熊氏云：「宦謂學仕宦之事。」服注段士為仕。簡本亦段士為仕。

83. 繼父不同居（甲、乙本無傳不引述經文，此據丙本第10簡）

今本居下有者字。為繼父服，同居者在不杖期章，不同居者在齊衰三月章。丙本「繼父同居者」有者字與今本同，則此文[redacted]誤脫者字。

84. 君騷其宗廟（甲本爛缺，此據乙本第21簡）

今本騷作[redacted]埽。簡本泰射第66簡君與賓耦射節「隸僕人騷候道」，有司第1簡將儐尸整設節「搔堂」，今本俱作埽。[redacted]騷與埽通，史記李斯傳「由竈上騷除」，索隱云：「若炊婦掃除竈上之不淨。」掃為埽之俗字，是段騷為埽。內則「問衣燠寒疾痛苛癢而敬抑搔之」，鄭注：「搔，摩也。」說文馬部：「騷，摩馬也。」（據段氏刪正）段注：「人曰搔，馬曰騷，其[redacted]意一也。」是騷、搔

[redacted]

義同。然則簡本埽字作騷作搔俱屬聲同義近而叚借也。

85. 喪成人者其文儒，喪未成人者其文不儒（第37简）

乙本同。今本二儒字俱作縟。鄭注：「縟猶數也，其文數者，謂變除之節也。」與儒義絶異。案儒、縟皆半齒音，同隸日紐。然則[redacted]縟之作儒，蓋聲之誤也。

86. 故喪之經不漻垂，蓋弗成也（第37—38简）

[redacted]

乙本[redacted]爛缺。今本[redacted]喪作[redacted]殤，漻作樛，弗作未，也上有人字。胡[redacted]氏正義云：「樛當从手旁，石經原刻作摎是也。廣雅「摎，束也。」衆經音義引倉頡篇亦云「摎，束也。」摎垂謂結束其帶之垂者。今本作樛，假借字。」說文水部：「漻，清深也。」別一義。摎垂當从手旁。作樛作漻均屬寫誤。

張爾岐句讀云：「凡喪至小斂，大功以上皆散其麻帶之垂者，至成服乃絞之；小功以下初喪即絞之。此殤大功亦于小斂服麻散垂，至成服亦不絞，以其未成人也。」此

指繫于腰间之經帶。以散麻糾合成繩曰絞，不絞即用散麻束腰，束後兩端下垂曰摎垂。大功以上初喪不絞，成服後乃絞；小功以下初喪時即絞；殤服則雖至成服，仍散麻不絞。然則不摎垂乃殤服之腰經而非凡喪之腰經，簡本作『喪之經不繆垂』顯屬寫誤。殤服之所以散麻不絞，以其尚未成人，上文『未成人也』『喪成人者』『喪未成人者』，簡本均與今本同，則此文『蓋弗成也』，既不詞，義又前後剌謬，顯係誤未為弗，[redacted]又誤脫人字。

87. 不滿八歲以下皆為無服之殤，以日易月，以日易月之殤＝而無服，故子生三月則父命之，死則哭之，未命則弗(不)哭也(第38—39簡)

乙本同。今本重無服之殤四字。案『以日易月』句乃解『無服之殤』，即鄭注所云『謂生一月者哭之一日也』。以上下文氣論，必重起『無服之殤』句而義始完足，以今本為長。

乙本同。今本二命字[redacted]俱作名。內則云：『父執子之右手，咳而名之。』『君名之，乃降。』『撫其首，咳而名之。』『凡名子，不以日月，不以國，[redacted]不以隱疾』。命[redacted]名曰名，與今本作名同。左氏傳閔公元年『今名之大，以從盈

數』，史記魏世家作命。禮記祭法『黃帝正名百物』，國語魯語作成命。命、名聲既相近，可[redacted]段，義又相同，故廣雅釋詁云『命，名也。』

88. 大功布衰常（裳）牡麻絰纓布帶三月受以小功衰葛九月者（第40簡）

乙本同。今本葛上有即字。丙本小功下爛缺，斷處相距可容二字，似有即字。成人小功章『即葛五月者』，甲、乙、丙本俱有即字。即葛者，初喪大功衰八升，三月葬後受以十一升之小功衰，而冠與帶則『說麻絰帶就葛絰帶也』。

初喪服重服，葬後受輕服，即所謂『變除』之變也。無即字不成文義，顯係誤脫。

丙本無者字。十一章章首句末均有者字，鄭注云：「者者，明為下出也。」丙本它章除爛缺外均有者字，則此文抄寫偶脫無疑。

89. 經丈夫婦人（甲、乙本無傳不引述經文，此據丙本第15簡）

今本經作姪。丙本第20簡『為[redacted]經庶孫丈夫婦人之長殤』，第24簡『從父昆弟經之下殤』俱作經，陳校謂『知非誤寫

父卒父在則之，則一以先君餘尊厭降二等，一以從大夫而
則父卒也，大夫之庶子則父在也。」[redacted]降
乙本同。今本妻下有昆弟二字。鄭注：「公之昆庶兼
（簡）

91. 公之庶昆弟大夫之庶子為母妻何以大功也（第43簡）

簡本分別[redacted]用之。[redacted]之意也。
旅寄之旅，旅寓自謂也。」段注以為「語言輕重緩急不同」
「吾」，旅也。」二字義同。說文口部：「吾，我自稱也。」
姑者吾買(謂)之姪」，乙本同，今本亦改作吾。爾雅釋詁。
據漢簡異文釋　注

乙本吾上四字爛缺。今本改作吾。下第55簡「買(謂)旅

90. 買(謂)旅姑者吾買(謂)之姪（第41簡）

知今本輯字為衍文[redacted]。
之服，此似不必言輯，疑輯字非誤則衍。「稽簡本相證，
今本入下有輯字。疑[illegible]公云：「章首已見為姑適人者
輯，[illegible]疑非也。
本亦作輯，而此等緣文顯非輯字，其為旅之誤寫至為明
者何也「吾買(謂)之姪」作姪與今本同。鄭注[redacted]而
「也。乙本輯傳，以無傳不引述緣文，無疑旅故。又「姪

降一等，故皆在大功也。傳釋二庶為生母之服，引經至母字而其義已明，徒以母妻多連文，如「宗子之母妻」「舊君之母妻」，遂及妻字。傳之于■經也，不為撰傳則不引其文。引妻字而不引昆弟二字，遂啟昆弟屬上屬下之訟。其實就經文言之，此二庶為生母、為妻、為庶昆弟之服，至為顯明，昆弟屬下，義不可通，為此說者，蓋不明傳之例耳。

92. 大夫之（庶）子則從乎大夫而降也（第43—44簡）

乙本同。今本也下有父之所不降子亦不敢降也十一字。今本此傳，本屬可疑。不杖期章「大夫之適子為妻」傳云「父之所不降，子亦不敢降也。」又「大夫之庶■子為適昆弟」傳云「父之所不降，子亦不敢降也。」如此條乃大夫之庶子為庶昆弟釋義，則當云「父之所降，子亦不敢不降也」，不當如今本所云也。今得簡本，知此傳未及為庶昆弟之服，故述經無昆弟二字又無此二句，其疑始渙然冰釋矣。今本「父之」二句為衍文無疑也。

93. 得與女君同（第45簡）

45簡）

乙本同。今本同下有下言為世父母叔父母姑姊妹者謂妾自服其私親也二十一字。胡氏正義云：「今案下言以下二十一字，諸家辨為注文，確不可易。」又云：「唐石經及各本皆如此，其誤已久。」今得簡本，無此二十一字，諸家考辨得以[redacted]證實。

94. 何以大功也，尊同也，尊同則服其親服（第45簡）

乙本同。今本則下有得字。上文大夫為世父母、叔父母、子、昆弟、昆弟之子為士者服大功，傳云「何以大功也，尊不同也。尊同則得服其親服。」簡甲、乙本有得字與今本同。為世父母等當服期[redacted]，因大夫為士，尊不同，故降在大功。為姑姊妹女子子適人者當服大功，君為此等親，以己尊降在小功；但其嫁於國君者，與己同尊，當降而不降，故服大功。尊同不降，故稱「得服其親服」。二傳均為此義起例，其文當相同。簡本誤脫。

95. 溉葬除之者（甲本第48简、乙本第29简與今本同，此據丙本第18简）

今本溉作既。史記五帝本紀『帝嚳溉執中而偏天下』，集解引徐廣云：『古既字加水旁。』此其實亦誤加形旁，如此篇爰之作緩、加之作駕也。

96. 諸侯之大夫時妾見乎天子（第48简）

乙本同。今本時上有以字。通典卷八十一引石渠禮論述此文有以字。以，因也。諸侯之大夫因時接見于天子，故為此服，否則如鄭注云『其士庶民不服可知。』無以字義不可通，简本誤[redacted]脱。

乙本同。今本妾作接。妾、接聲同通段，接為加形旁後製正字。說見2.條。此接見非晉見之意也。大夫之家臣不見于諸侯，以已臣屬于大夫也。諸侯之大夫不見于天子，以已臣屬于諸侯也。臣屬于大夫者不得越等而復事于諸侯，臣屬于諸侯者不得越等而復事于天子，[redacted]無臣屬之義，則[redacted]自無義服可言。然有因時而[redacted]接見于天子者，一接見之，雖非臣屬于彼[redacted]而終不得已于情者，故[redacted]製此恩輕服重之總衰以見之，此即接見之義也。說文辛部：『妾，有皋女子給事之得接於君者。』事雖不同，接君之義惟見此文，可以推而得之。

97. 繐者〔何〕，小功之繐也（第48简）

乙本同。今本者上有衰字。繐衰、大功、小功皆以衰布之名為服名，全稱當作繐布衰、大功布衰、小功布衰。通用既可简稱大功、小功，則亦可简稱繐，據简本知傳原本單稱繐。

乙本同。今本小上有以字。程瑶田云：「繐也，大功也，小功也，皆衰名非縷名也。其縷名則大功衰之縷即名大功之縷，其小功衰之縷即名小功之縷，獨繐衰不治繐之縷，即治小功之縷以織為繐衰之布。其布之成也，不同小功之十升、十一升而但為四升半，故其布雖細而疏于小功，名之曰繐衰之布，即較之大功衰布亦猶麤也。」案下記云：「繐衰四升有半，小功十升若十一升。」喪服以布縷粗細以見不同關係者對死者之哀戚程度，關係越密，其縷越粗。繐衰用小功之縷則其縷較細，但成布則小功十升或十一升而繐用四升半，較小功為疏。鄭注云：「細其縷者以恩[redacted]輕也，升數少者以服至尊也。凡布細而疏者謂之繐。」傳「以小功之繐也」即是此意。說文巳部：「以，用也。」用小功之縷成繐之布，無以字義不可通，简本誤脱。

乙本同。今本繐衰二句在章首既葬除之者下。案繐衰章特為諸侯之大夫為天子服而設，故[redacted]釋繐衰之文繫于[redacted]

傳末，以恩輕服重之義見曾接見于至尊之殊遇，必顛倒其次而文義始得連貫。今本經傳合編，編者以為「以小功之總也」句正解經章首總衰之義，使傳分繫于經，故移于章首之下。二本不同，適可作服傳為單傳之佳證也。

98. 嫽麻帶經（甲本第49简，乙本第30简與今本同，此據丙本第19简）

今本嫽作澡。荀子正論篇「慅嬰」，楊倞注：「當為澡嬰，謂澡濯其布為纓」。是段慅為澡也。集韵三十七號「操」字出音「七到切」，下列懆、慅等字，二字同。又四十八感「慘」字出音「七感切」，下列懆、嫽等字，懆與嫽通。說文女部：「嫽，婪也。」「婪，貪也。」龍龕手鑑女部：「嫽，婪也。」當本說文。廣雅釋詁：「慘，貪也。」王念孫云：「嫽與懆通。」慅、懆、嫽同隸清[redacted]細，故得相通。然則简本之段嫽為澡，猶荀子之段慅（懆）為澡也。

99. 小功布衰常（裳）即葛五月者（第50简）

乙本、丙本同。今本裳下有牡麻經三字。案十一章章首九章均著經帶，或言牡麻經，或言澡麻經。其二章所記不同：齊衰不杖期章不言經帶者，蓋文承齊衰杖期，服同而祇用杖與否及疏屨麻屨為異，故祇著異于上服者曰「不杖麻屨」；緦麻三月章不言經帶者，胡氏正義以為「以緦

布為衰裳，以麻為經帶，故服名緦麻也」不過簡言而已。然則十一章皆著經帶，而簡本于成人小功章無牡麻經之文，顯係誤脫。成人大功章言「大功布衰裳牡麻經纓布帶三月受以[redacted]小功衰即葛九月者」，乃初喪時衰裳帶用大功布，經[redacted]纓用牡麻，三月既葬受輕服，衰裳帶變用小功布，經變用葛，即，就也，改麻就葛，以終九月之服。此小功衰裳帶三月既葬不變，惟經改麻就葛，以終五月之服。如無牡麻經三字，則即葛之即，文無所承，實不可通。簡本之誤脫也益無可疑矣。

100. 外祖父母何以小功也（第50簡）

乙本同。今本外上有為字。（下第56簡緦麻章「夫之從父昆弟之妻何以緦也」，今本夫上亦有為字。）丙本單經有為字與今本同，[redacted]甲、乙本單傳[redacted]述經[redacted]省為字，此乃附經撰傳之明證也。

101. 從母何以小功也，以名加也，親之服皆緦也（第50簡）

乙本同。今本親上有外字。鄭注：「外親，異姓，正服不過緦。」案外親之服均在緦麻三月章。上為外祖父母，傳云「以尊加」；此為從母，乃母之姊妹，有母之名，故云「以名加」，二者皆加一等服小功。「外親之服皆緦也」，

[redacted]蓋申其以尊加、以名加之義。無外字義不可通，簡本誤脫。

[redacted]

102. 夫之姑姊妹弟以婦報，弟以婦者弟長也（第50簡）

乙本同。丙本以作似。今本弟以作娣姒。特牲記『主婦及內賓宗婦』，鄭注『宗婦之弟婦舉觶於其姒婦』，釋文：『弟婦，或作娣，下弟同。』[redacted]『姒婦，本或作似。』原本當作弟似。釋名釋親屬：『娣，弟也。』公羊傳莊公十九年：『娣者何，弟也。』俱以聲訓。然則字當作弟，作娣為加形旁後製正字。說文女部無姒字，人部：『似，象也。』釋名釋親屬：『少婦謂長婦曰姒，言其先來，己所當法似也。』亦以聲訓。據丙本字[redacted]本作似，甲、乙本作以為聲同通段，今本作姒為後製正字。二字俱當依丙本。

103. 君=子=為庶母慈己者（第51簡）

今本不重君字。乙本、丙本君下無重文號，甲本傳文亦作君子=。鄭注：『君子子者，大夫及公子之適妻子。』[redacted]本係專稱，[redacted]簡甲本誤衍重文號。

104. 為庶母何以服小功也，以慈加也（第52简）

今本慈下有己字。乙本亦有己字與今本同。傳引述經文甲、乙本俱有己字。任君子子師、慈、保母者，乃衆庶母中之一人耳，故[redacted]為慈己加服。無己字義不[redacted]能明，简甲本誤脱。

105. 十五升陶其半（第53简）

乙本同。今本陶作抽。少牢第一简「右繇上韇」，今本繇作抽。是简本繇、陶兩作。書禹貢「厥草惟繇」，馬融注：「抽也。」左傳閔公二年「成風聞成季之繇」，服虔注：「繇，抽也，抽出吉凶也。」易繫辭下「爻繇之辭」，釋文引韋昭云：「繇，由也，吉凶所由出也。」左傳之繇，說文作籀；逸周書世俘解「乃俾史佚繇書于天號」，應是籀書。抽、由、籀、繇聲同相通段。書之臯陶，離騷、說文並作臯繇，陶、繇聲轉通段。以是简本抽字或作陶或作繇。

禮漢简異文釋　八主

106. 族祖父母族父母族昆弟（甲、乙本無傳不引述經文，此據丙本第24简）

今本族祖上有族曾祖父母五字。緦麻三月章首列四緦

麻，即大傳所謂「四世而緦，服之窮也。」族曾祖父為曾祖父之昆弟，五服旁行最疏遠之一等，無族曾祖父母，不成為五服。简丙本應屬誤脱。

107. 庶子為後為其母何以緦也，與尊者為〔一〕體，（體）不敢服其私親也（第53简）

乙本同。今本後上有父字、下有者字。丙本單緦與甲乙本引述經文同。下記丙本「庶子為後為其外祖父母從母舅無後」，今本後下有者字。禮記服問鄭注「禮庶（子）為後為（其）母緦」，正據此文而與简本為近。今本作「為父後者」為後者」義雖無異，而原本必無父者二字。

乙本同。今本與上有傳曰二字。與尊者二句乃引舊傳之文，齊衰杖期章「[redacted]（出）妻之子為其母」云「傳曰與尊者為〔一〕體（體）不敢服其私親也」，简甲乙本有傳曰二字與今本同，此當與彼同，简本此文誤脱。

108. 士為庶母何以緦也，以名服也（第54简）

乙本同。今本服也下有大夫以上為庶母無服九字。鄭氏無注。雷次宗云：「為五服之凡不稱其人者皆士也，此獨稱士，何乎？蓋大夫以上庶母無服。」君子子為庶母慈己

昔服小功，為衆所侮一等當服緦，然而無服者，以文未
以上無緦服。此與諸侯為宗子期，同為宗法■之[redacted]，
傳應發此義，而本誤脫。

109. 期何以緦也（第55簡）

乙本同。丙本寫作「者」，同。今本寫作「者」。唐公彥《疏》相
聲，谷口山上」，「嫌：釋文：」聲即者字」。《禮記音義釋文：》背字又作
聲，依字■从土从咅，俗从知，不从耳。」「干祿字書：」音」
俗背字。」顧炎武《金石文字記》云：「背字一傳為指，再傳為
指，三傳為背，四傳為者，皆背之變也。」此背字之譌

八主

禮漢簡異文釋
別構，似非俗字。

110. [redacted]相與同室則生緦之緦麻（第56簡）

[redacted]

[redacted]今本相上有以為二字。
乙本同。殤入小功章「夫之姑姊妹娣姒報」《傳》云以為
相與■居室中則生小功之親焉」，丙本與今本同。此文與相
自■相同，商此■誤脫。

111. 公子為其母練冠麻＝衣縓緣，為其妻縓冠葛麻衣縓緣（第57簡）

乙本、丙本同。今本葛下有經帶二字。此下為記文。練冠麻即練冠麻經帶，縓冠葛即縓冠葛經帶，如緦麻即緦布衰麻經帶，例得有經帶二字。大功小功章之即葛亦是葛經帶。據以相校，簡本為長。

112. 〔於所〕為後之兄弟若子（甲、乙本無傳不引述記文，此據丙本第28簡）

今本弟下有之子二字。敖繼公疑之子二字衍文，金榜禮箋引通典載賀循為後議作「於所為後之子兄弟若子」，遂據以改今本經文。今得簡丙本無之子二字，似敖、金之說得以證實，而其實非也。所為後之兄弟乃入繼大宗為人後者之世叔父，則所為後之兄弟之子，乃其從父昆弟。上斬衰三年章「為人後者」，傳云：「為所後者之祖父母、父母、妻、妻之父母、昆弟、昆弟之子若子」。為內外親之服若親子，本已包括在內，而此記又補之者，以上下均述兄弟之服，故連類而及為人後者為從父兄弟服。如無之子二字，即為世叔父服，雜廁其間，殊無倫次。敖、金之說不

可從，簡丙本實係誤脫。

113. 兄弟皆在也（他）國（邦）駕一等，不及知父母與兄弟居駕一等（甲乙本單傳不引述記文上句，此據丙本第28—29簡）

今本二駕字俱作加。甲、乙本單傳引述記文下句作加，又不杖期章「不足以加尊焉」，成人小功章「以尊加也」，亦作加，均與今本同。（簡本特牲第40簡旅酬節「為駕爵者作止爵」，今本駕作加。）莊子庚桑楚：「譬猶飲藥，以加病也。」釋文：「崔本作駕，云加也。」其實此亦誤加形旁，如此篇既之作溉，受之作授也。

114. 崩友皆在也（他）國（邦）但免（甲、乙本無傳不引述記文，此據丙本第29簡）

今本崩作朋。易復「朋來無咎」，漢書五行志引作「崩來無咎」。趙曹鼎「冊卿倗晉」，即朋友。有加人旁，有加山旁，其實均屬誤加。

今本但作袒。簡本泰射袒亦俱作但。（如墨子耕柱云「羿人但割而和之」。）但為袒之本字，說文人部：「但，裼也。」段注云：「古但裼字如此，今之經典凡但裼字皆改為袒裼矣。」簡本多用古正字，此其一也。

115. 童子雖當室縪(緦)，童子不當室則無縪(緦)服〔也〕(第58简)

乙本同。今本雖作唯。丙本作唯與今本同。問喪：「禮曰，童子不緦，唯當室緦。」正釋此記。莊子庚桑楚：「唯蟲當蟲，唯蟲當天。」釋文：「一本唯作雖。」童子無緦服，唯為父後承家事者得有緦服。甲、乙本之作雖，猶莊子一本之所作也。臨沂銀雀山漢墓出土帛書[redacted]孫子兵法雖字作唯，馬王堆漢墓出土帛書老子甲本及古佚書雖字亦俱作唯，可見二字多互誤也。又丙本當作堂。當室，鄭注：「為父後承家事。」堂室不詞，當屬形譌。

乙本同。今本不上無童子二字。傳以相反之義釋記文，文當重起，簡本為長。

116. 枅(笄)有首者惡枅(笄)有首也，惡枅(笄)者[木㝵]枅(笄)也，子折枅(笄)首者折吉枅(笄)之首也(第59—60简)

乙本同。今本[木㝵]作櫛。鄭注：「櫛笄者，以櫛之木為笄，或曰榛笄。」敖繼公云：「此傳之櫛，疑即檀弓之榛，蓋聲相近而轉為櫛耳。」案說文木部：「榛，榛木也。」詩青蠅[redacted]毛傳：「榛所以為藩也。」榛乃惡木而櫛非木，王引之改櫛為即，即，柞也。其實字當作榛，毋須改字。漢碑爭作

爭，則桴即桴字。字書無桴，與榛聲近叚借，如毛詩之[redacted]「蓁首」，說文作「䫉首」。

乙本同。今本折上無子字。傳下文以「何以子折笄首而不言婦終之也」解經「子折笄首以笄」，折上當有子字。此文以「折吉笄之首也」解「折笄之首[redacted]者」，折上當無子字。甲、乙本涉上下文而誤衍子字。

117. 幅三袧（甲、乙本無傳不引述經文，此據丙本第32簡）

[redacted]今本袧作袧。說文糸部：「袧，纑繩絇也。」說文無袧字。廣雅釋言：「袧，襞也。」[redacted]本文注：「袧者，謂辟兩[redacted]側空中央也。」二字義別。簡丙本蓋誤寫衣旁為糸旁耳。